相馬藩刑法万覚

吉田幸雄編

相馬藩刑法万覚（原本表紙）

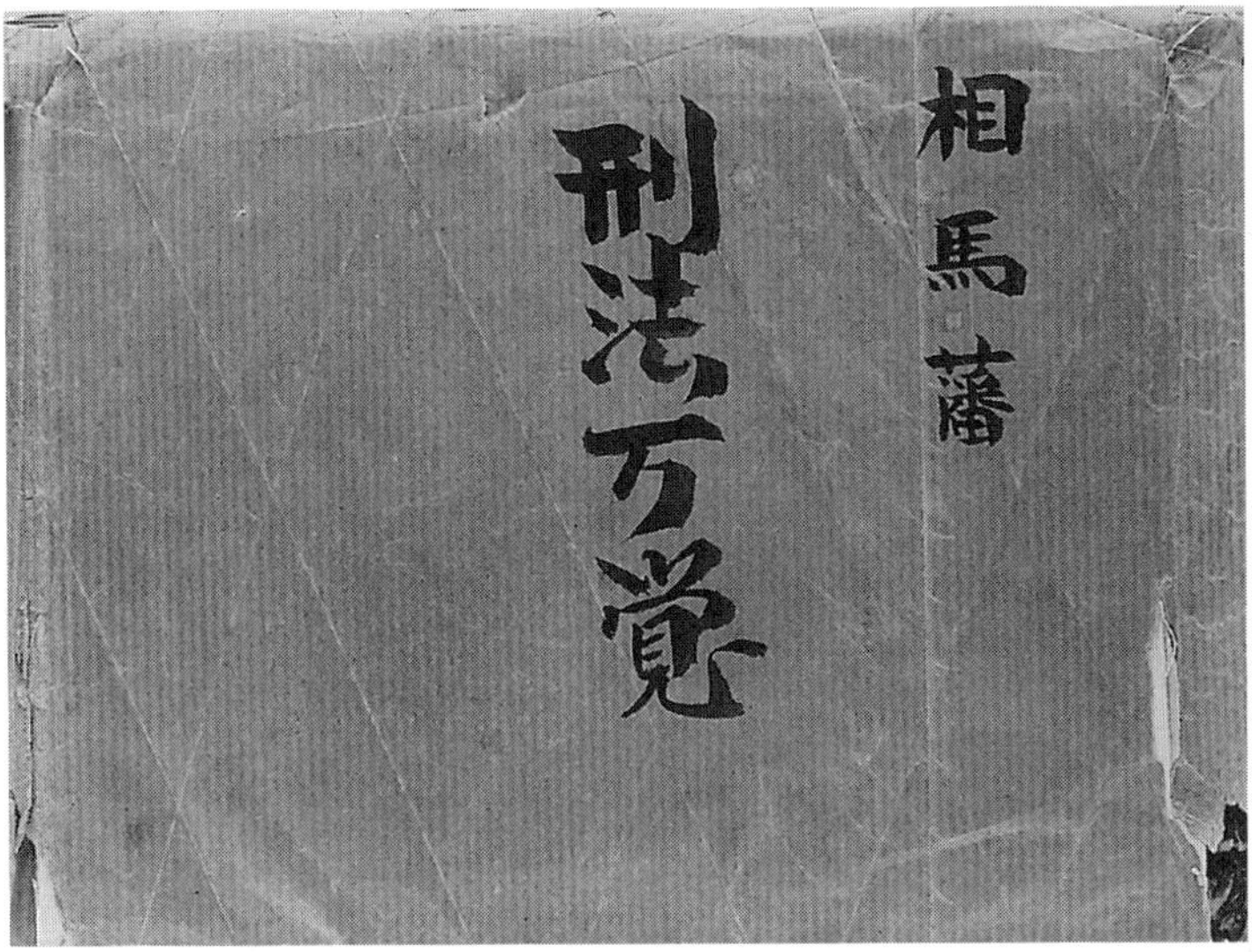

御家老衆御印鑑　一

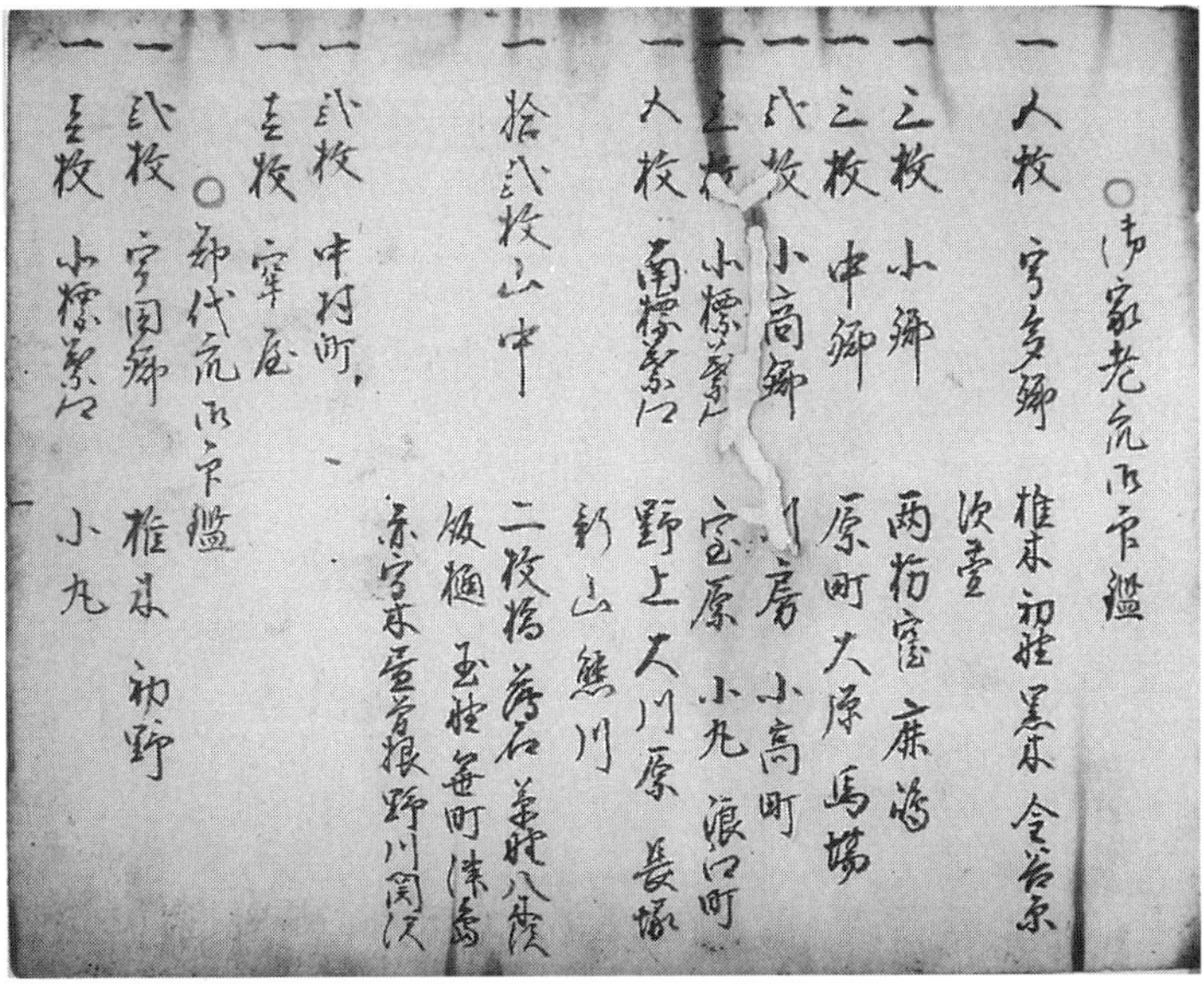

（五〜六頁）

評定之事　二

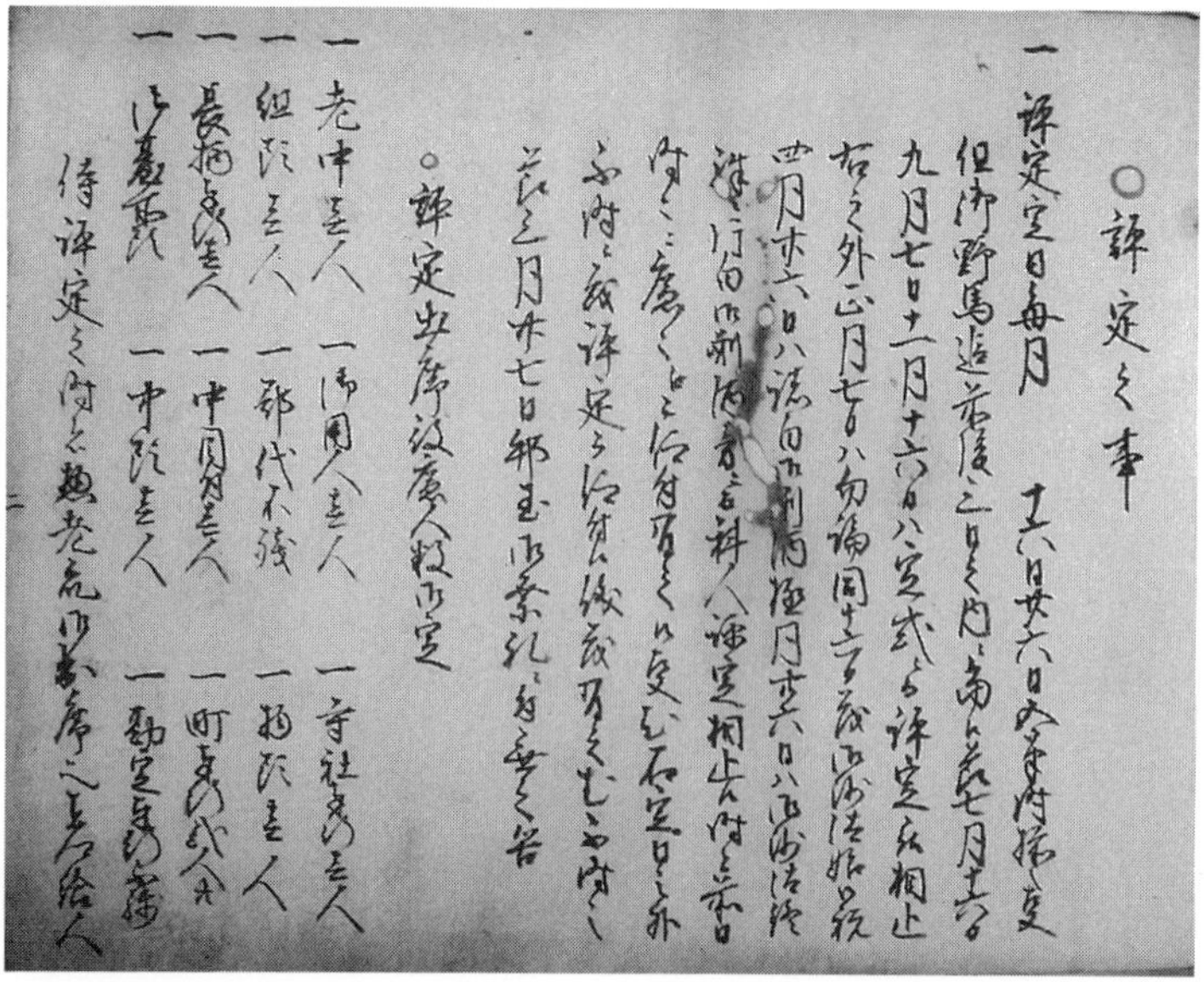

（七～八頁）

博奕打　七

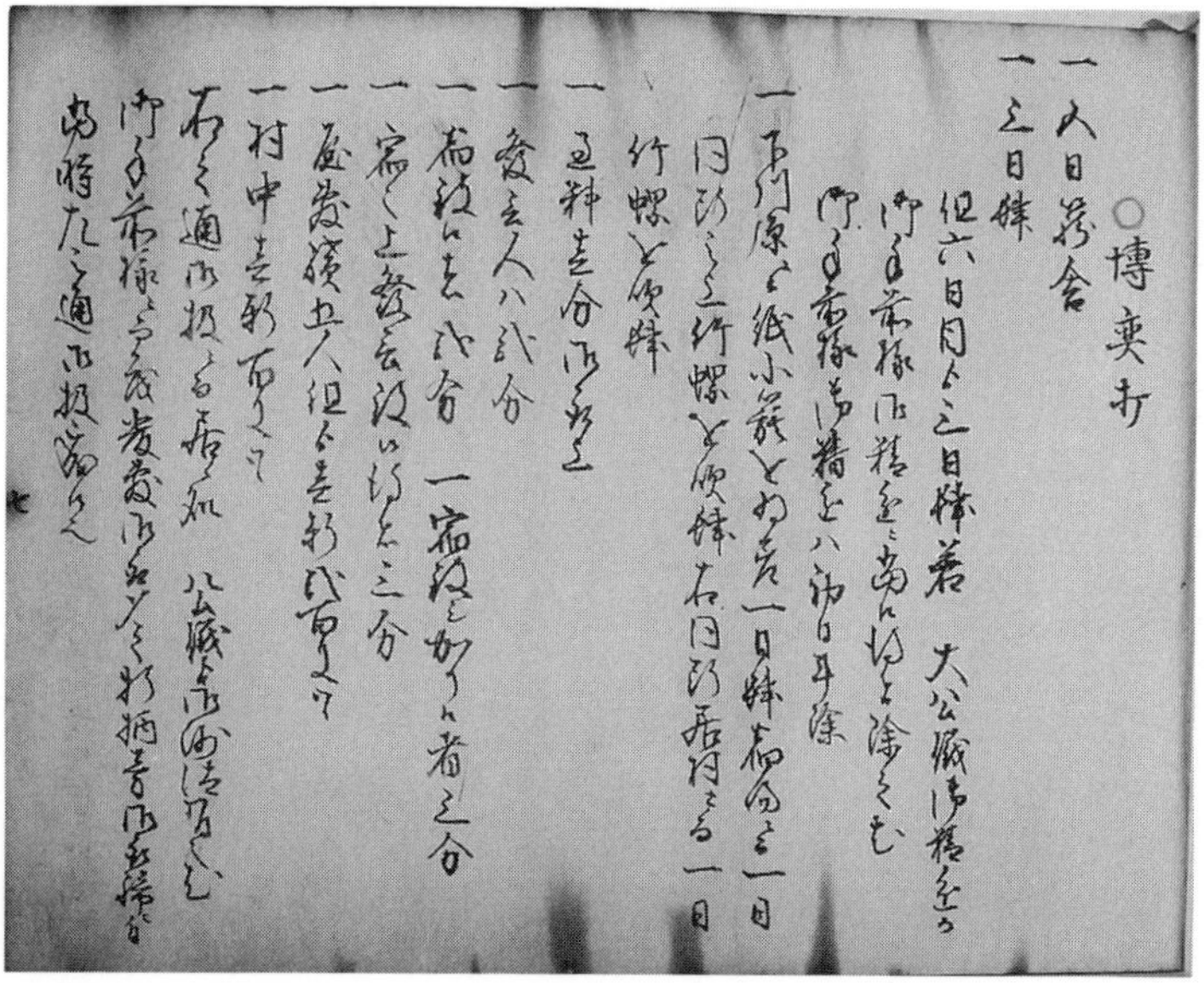

（一六～一七頁）

笞打之定　十二

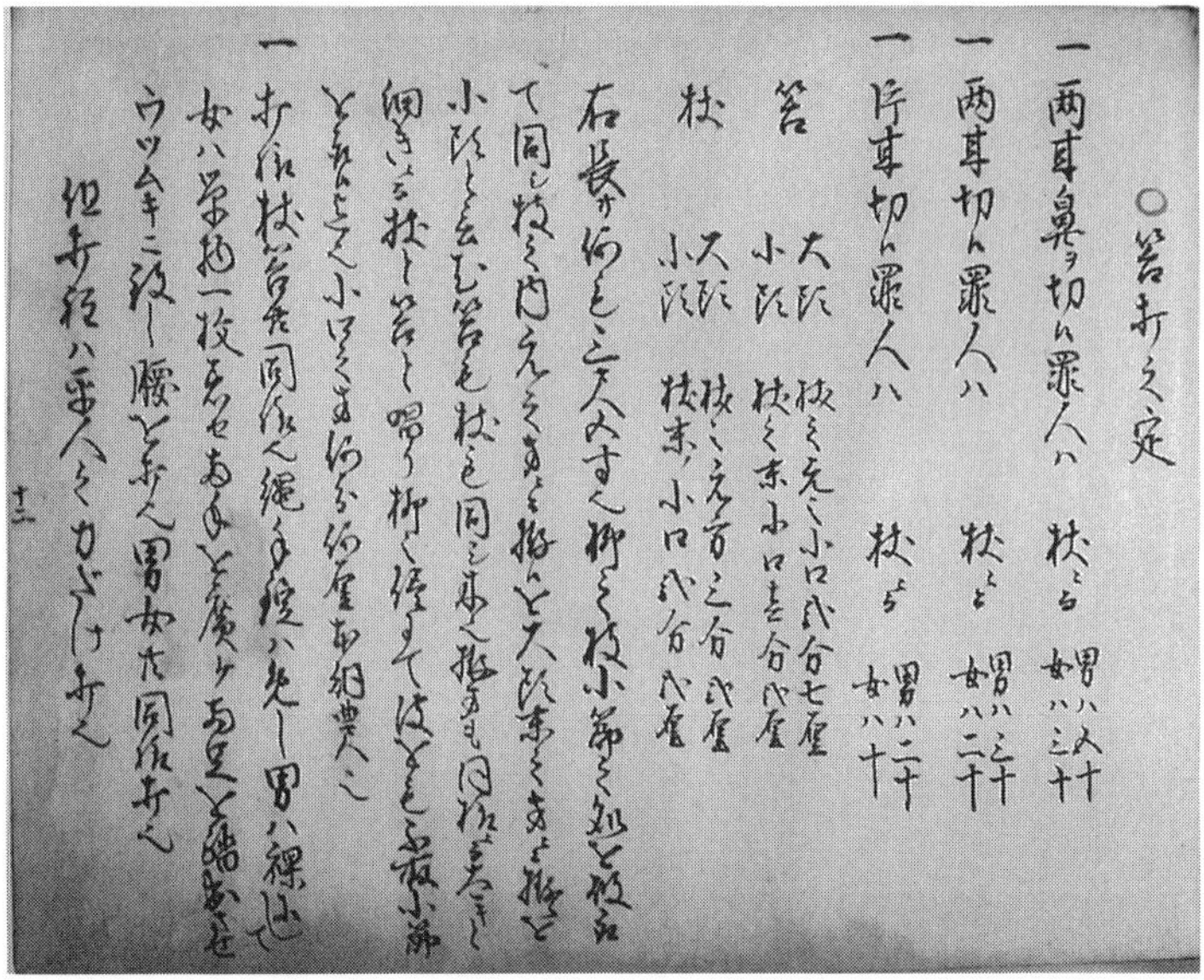

（二一六頁）

同　上　十三

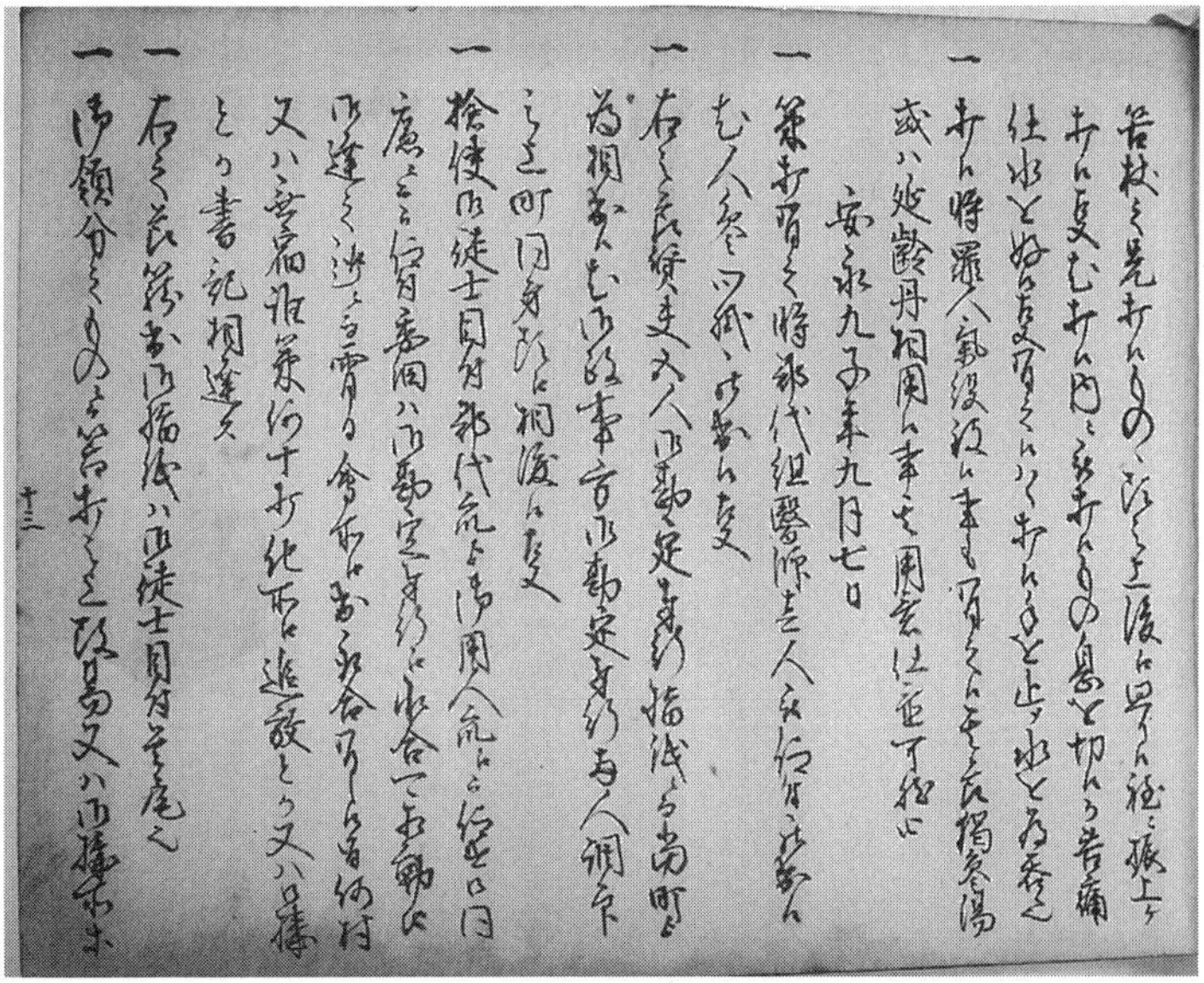

（二一七～二一八頁）

格式外他所追放　十六

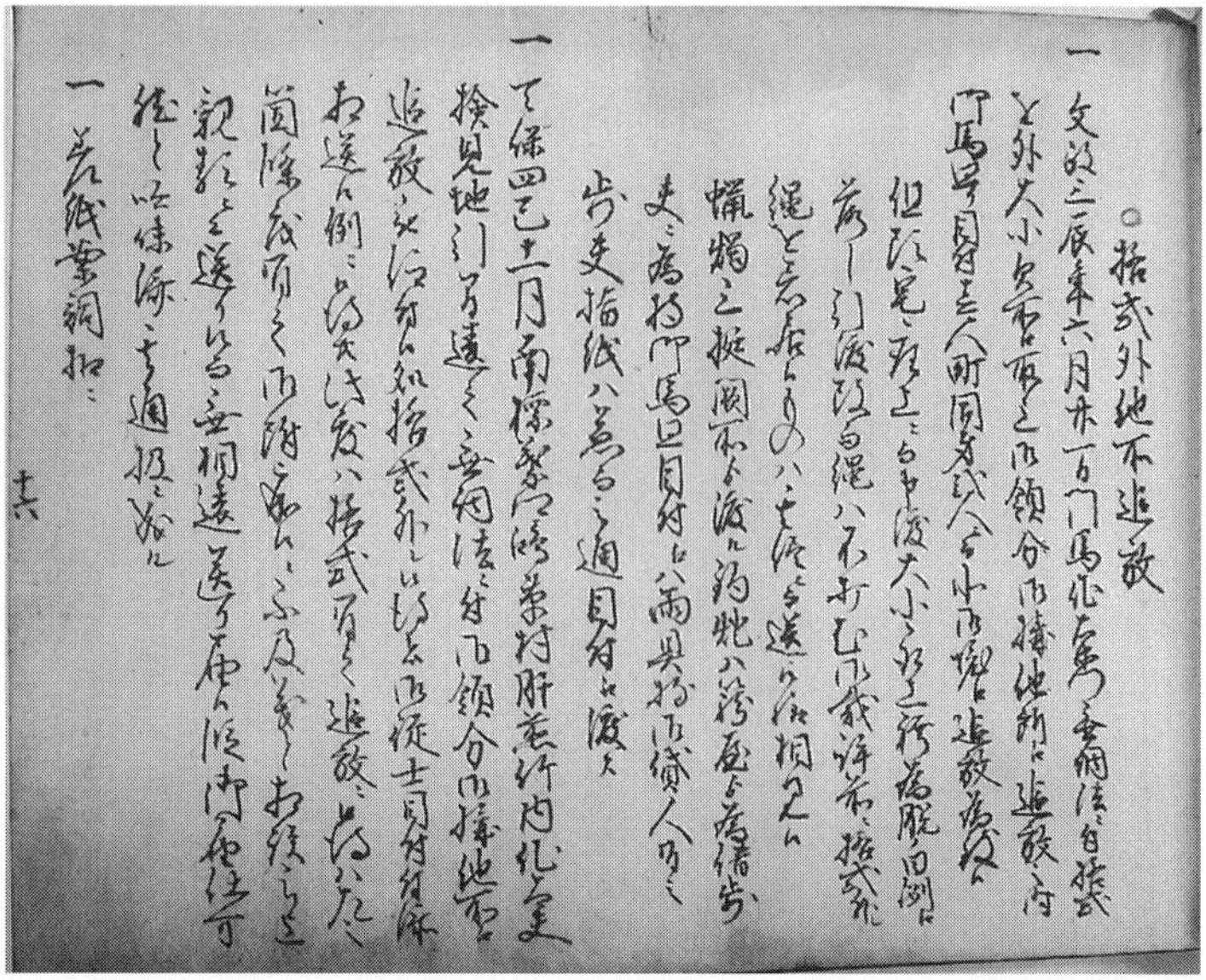

（三二一〜三二二頁）

無調法申渡方、并親類無念申上候境　廿二

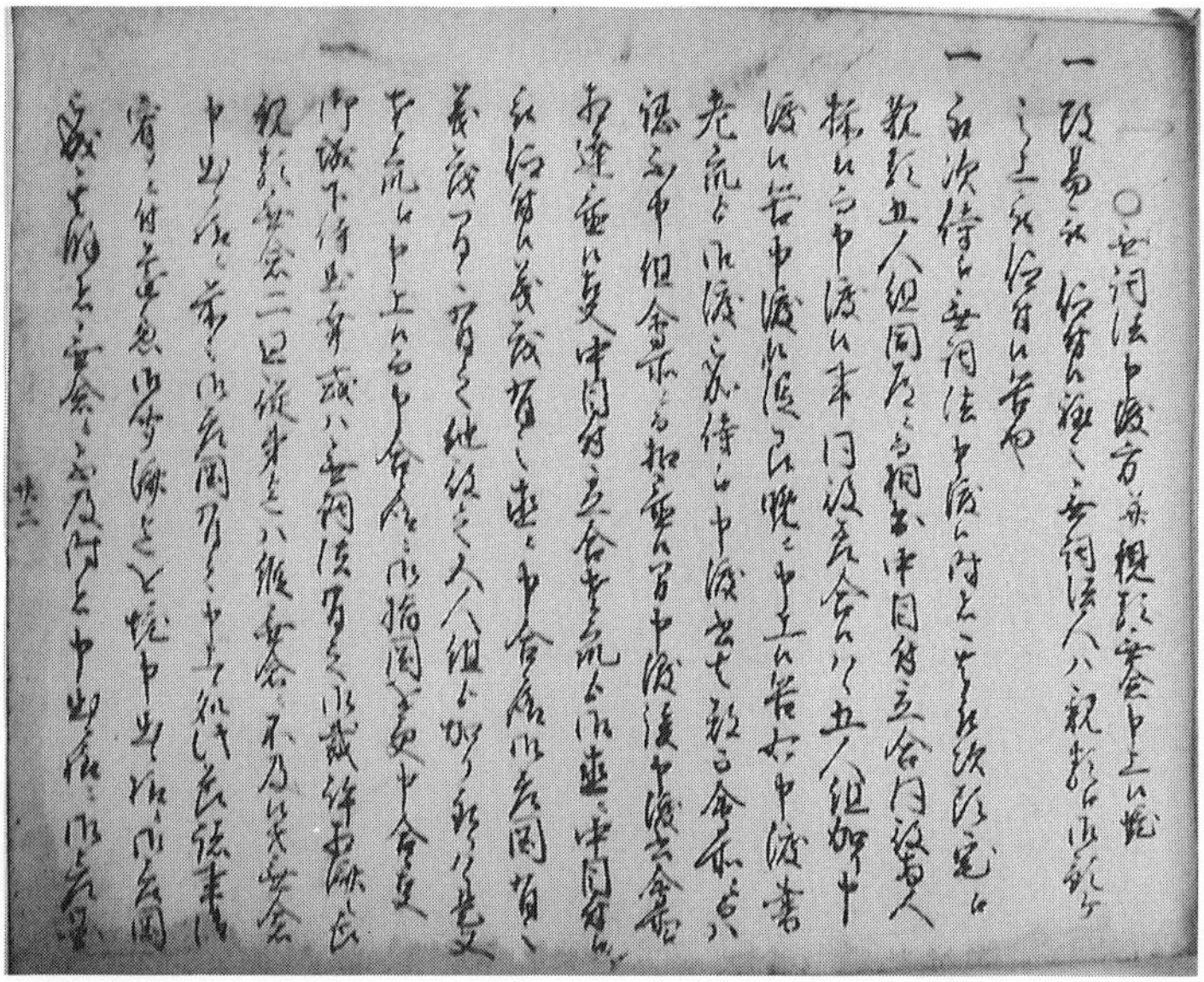

（四二一〜四二二頁）

十五歳以下御仕置　三十

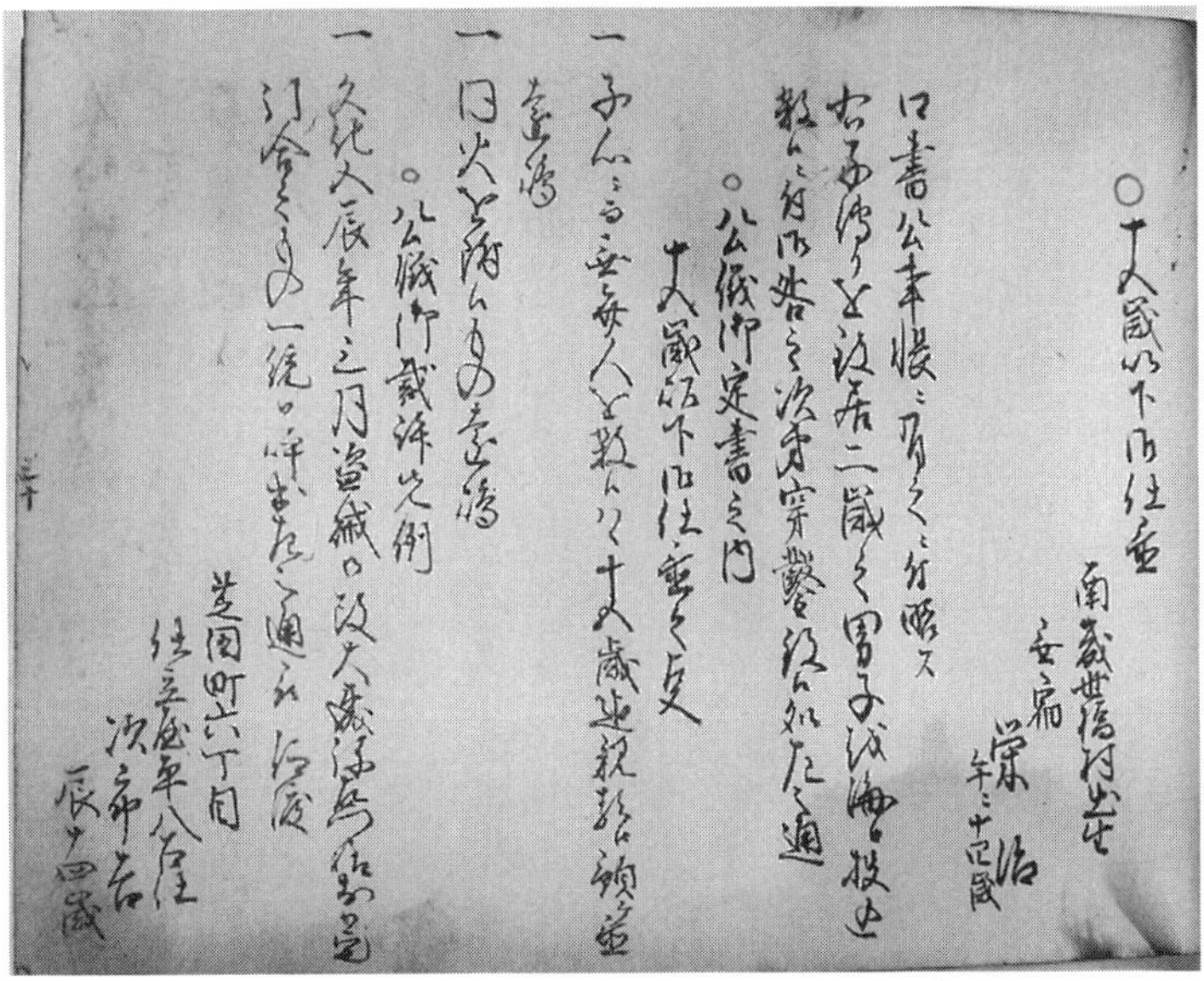

（五七～五八頁）

御仕置者有之時之覚　三十三

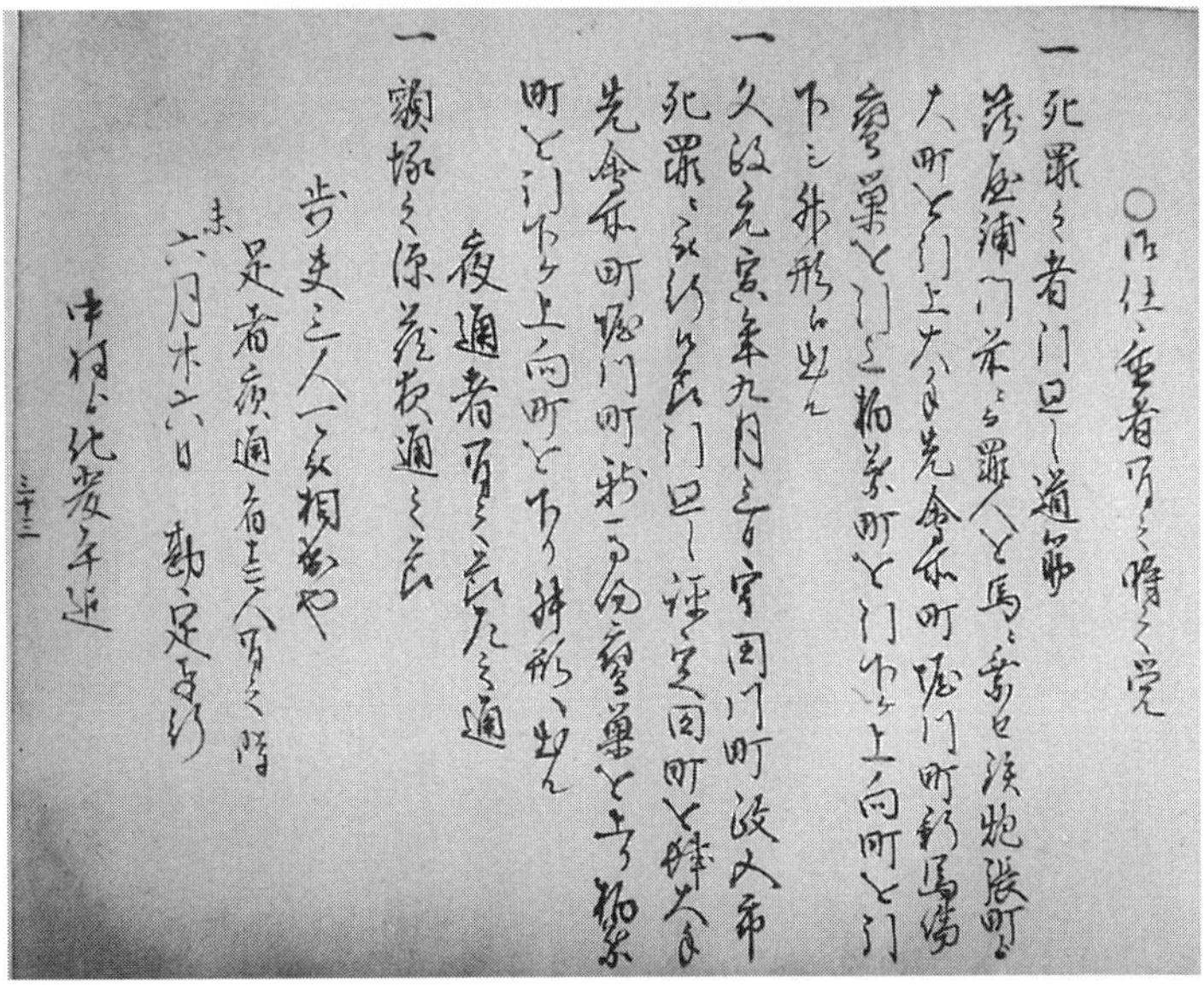

（六二一頁）

家捜　四十

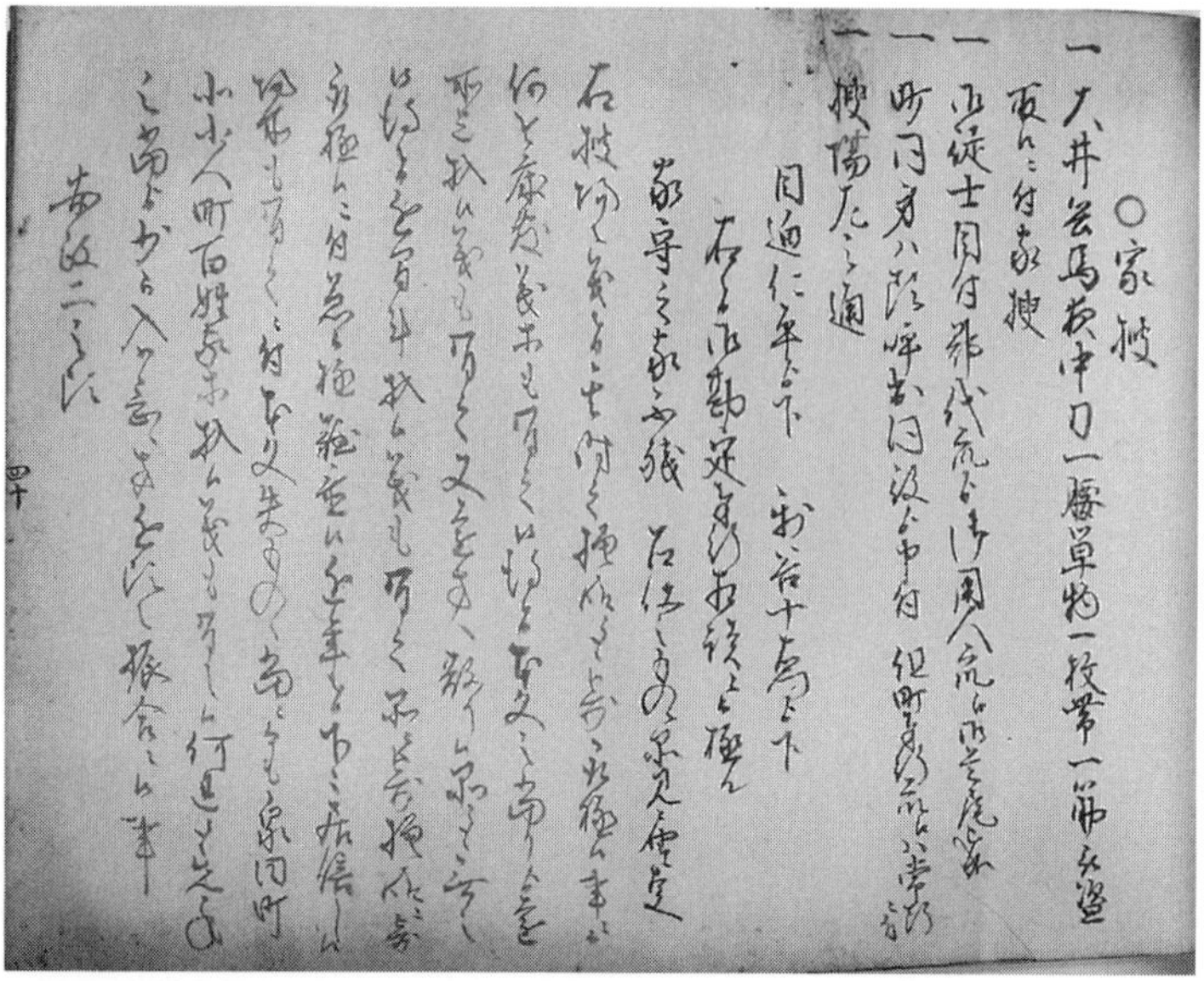

（七三〜七四頁）

御城下侍之妻病気被犯出奔立帰御扱　五十九

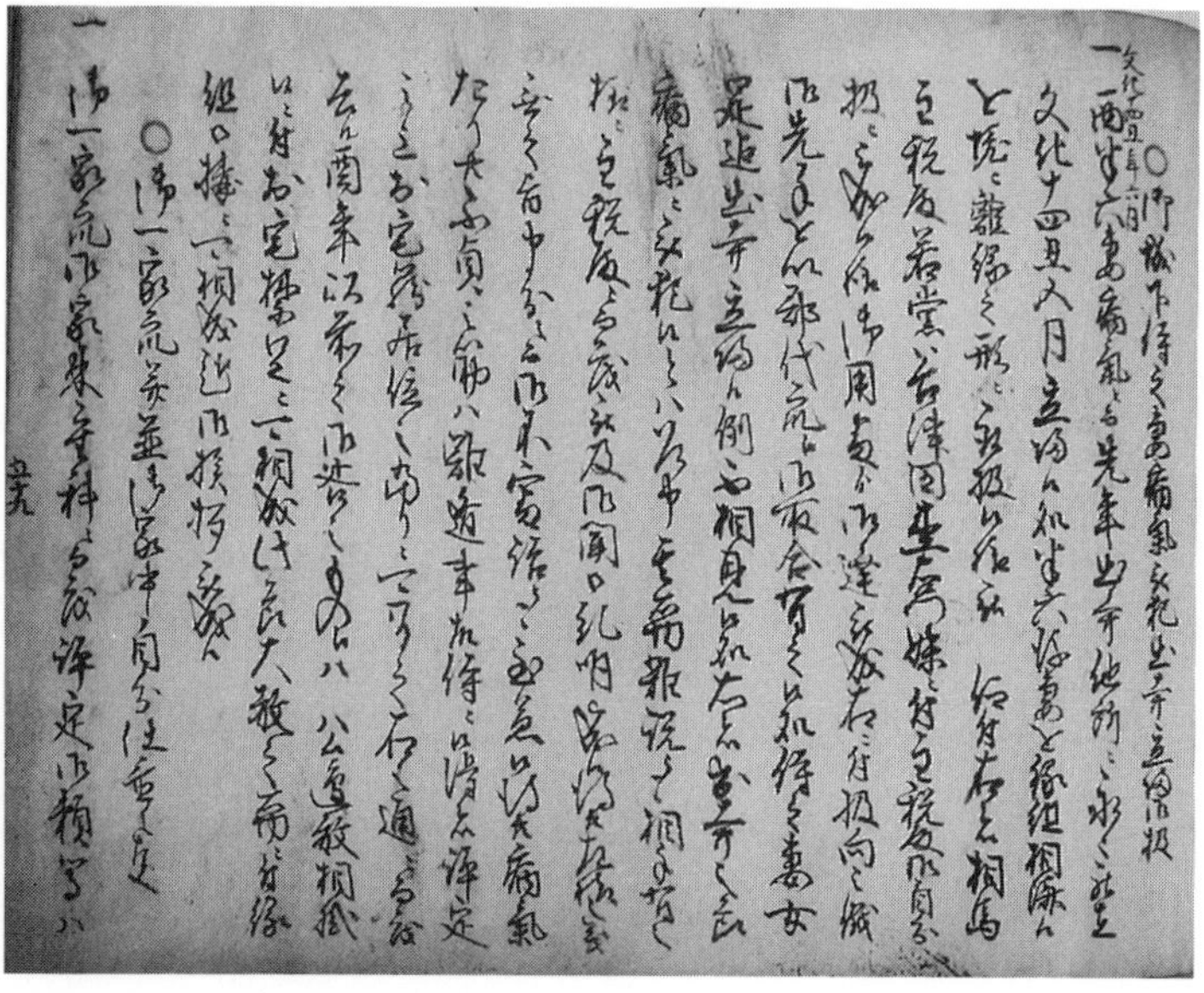

（一〇九〜一一〇頁）

肆者取扱　六十四

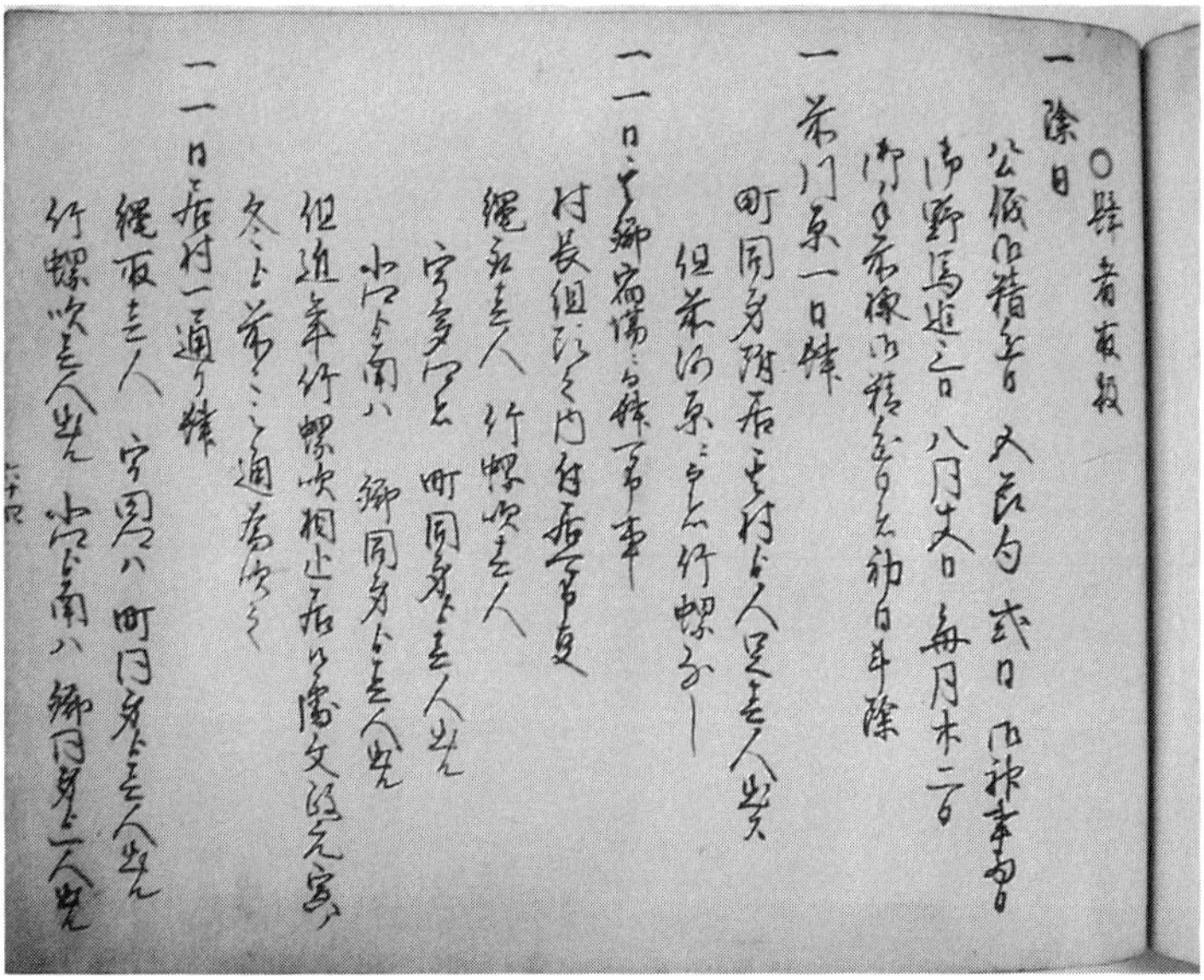

（一一七～一一八頁）

同　上　六十五

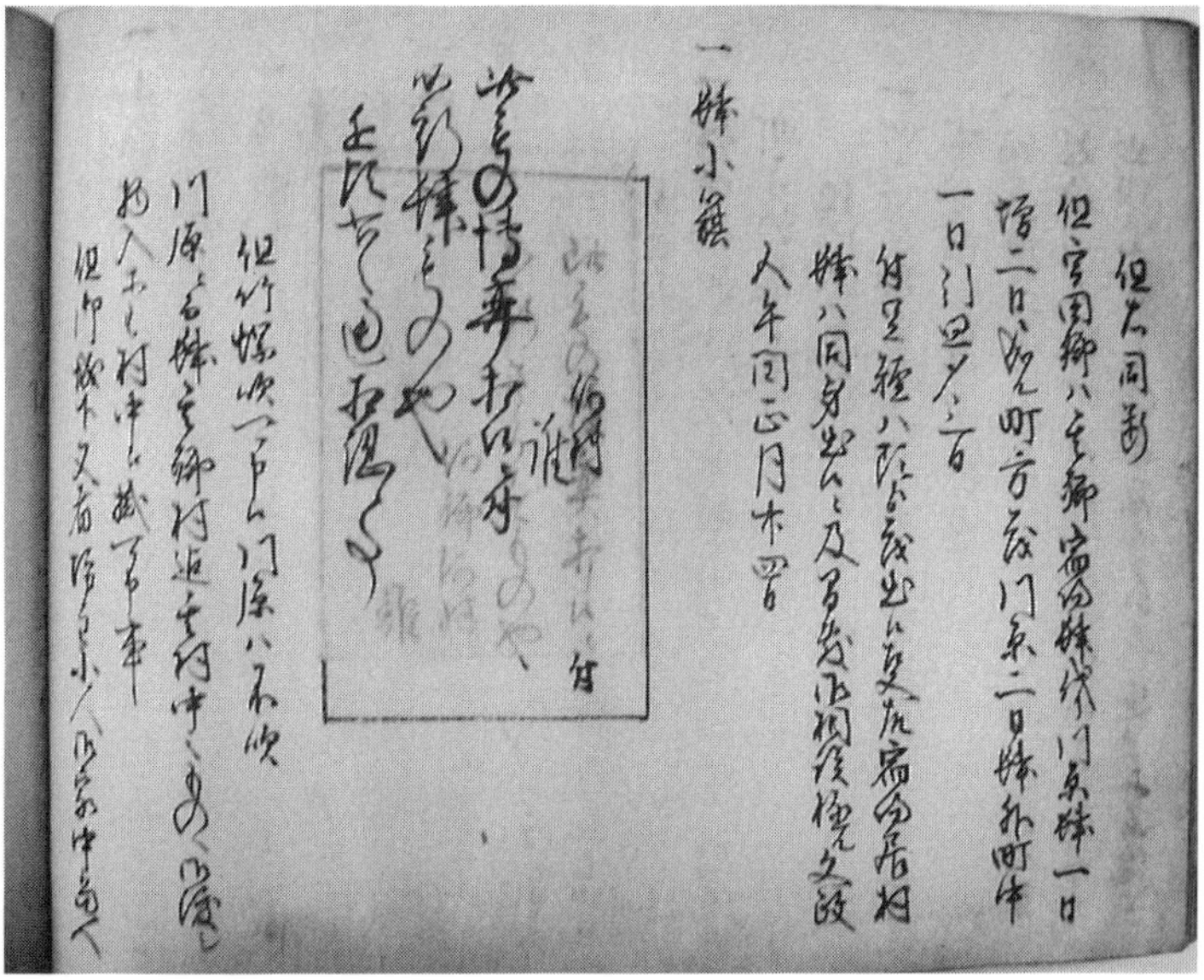

（一一八～一一九頁）

大赦之覚　六十七

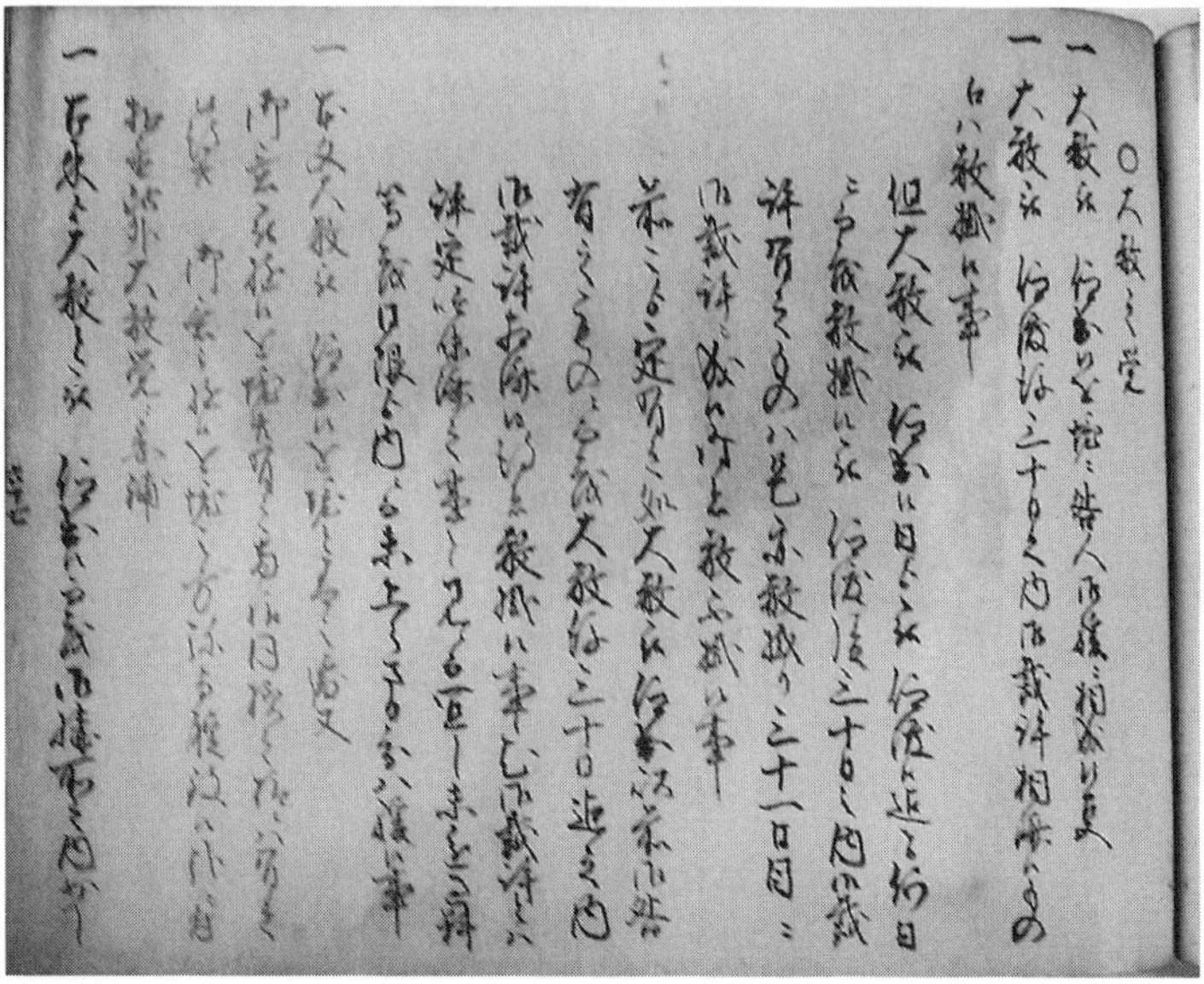

（一二一〜一二三頁）

牢屋之定　七十六

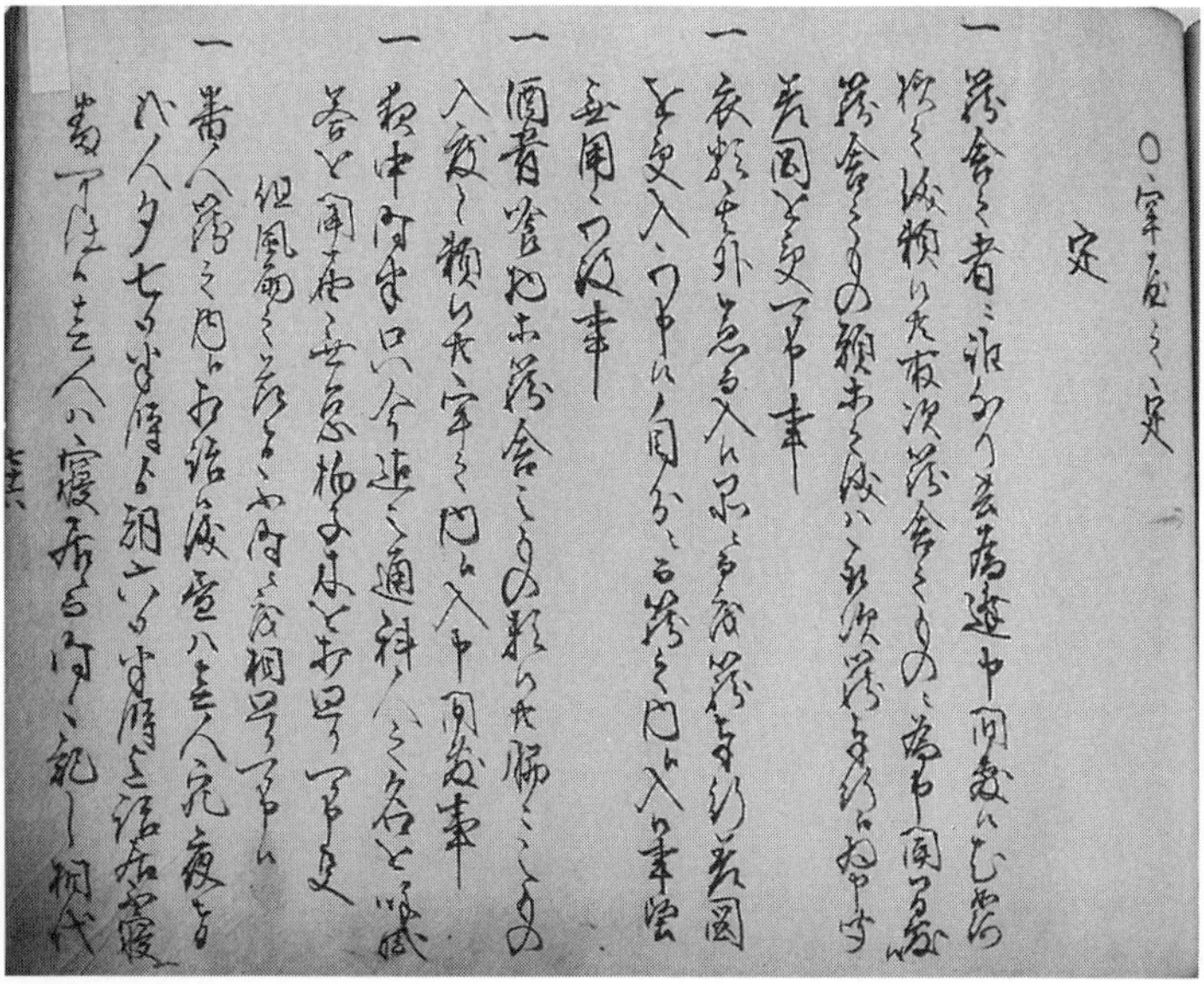

（一三七〜一三八頁）

凡例

一、本史料（写本）は、奥州相馬中村藩の刑法に関する覚書である。

一、原本は、冒頭に「相馬藩　刑法万覚」と記す一冊で、筆者が所蔵する。

一、翻刻にあたっては、つとめて原本の体裁・用字を尊重したが、便宜に原形を改めた部分がある。

その校訂上の体例を示せば、凡そ次の通りである。

1 文中に句読点（。、）や並列点（・）を適宜加えた。

2 虫喰いにより判読不能の箇所は、□・［　　］などで表示した。

3 宛字・誤記・誤字・重字があってもそのままに記し、右傍に（マヽ）・（カ）または（衍）と記した。

4 異体字・変体かなについては正字に改め、漢字は常用漢字を原則とした。

5 ゟ（より）・〆（しめ）などの合字はそのままとした。

6 原本朱書の部分については、該当箇所の右上に（朱書）と付記した。また、その部分に『』を入れて区別した。

7　本文読解に資するために若干の傍註を施した。傍註は、文字の誤りを正す場合には〔 〕を、説明や参考のためのものや振仮名には（ ）を用いた。

8　原本には、一〜八十七までの丁付が附されている。その丁替りは、各丁の終りに」を附して示し、本文の下部に漢数字で表示した。上部には、原本の頁数と表裏を(1オ)(1ウ)の如く示した。

9　読者の便を図って、頭註を適宜に附し、解説を加えたが、掲示できなかった註釈は補註として巻末に掲載した。

10　頭註に解説されている市町村名については、平成十七年度（二〇〇五）の現行とした。

一、本書の判読には、恩師の故高橋正彦氏（慶應義塾大学名誉教授）および、吉川永司氏に貴重な御教示を戴いた。特に記して深甚なる謝意を表する。

一、本書の公刊に当たっては、㈱続群書類従完成会、並びに小川一義氏・柴田充朗氏に格別の御配慮を頂いた。併せて銘記して深謝の意を表するものである。

平成十八年六月

吉田幸雄

目次

（表紙）

相馬藩

刑法万覚

（縦一六四糎、横二一五糎）

（1オ）

一、御家老衆・郡代・町奉行、御印鑑。『一』。（朱、以下同ジ）

一、評定『一』。御内評定『四』。御内寄合共、御前評定『五』。会所吟味『五』。

一、博奕打御咎之当リ、并奴仕之定『七』。

一、御不幸有之節、籠舎者扱『十一』。

一、召捕者之儀被　仰付『十一』。

一、笞打之定『十二』。

一、他所追放者『十五』。

一、同格式外、并格式有之者、追放之例『十六』。

一、在郷給人詮議之節、大小為取候境(おり、以下同ジ)『十八』。

一、御城下侍・在郷給人、無調法申渡之節、立合之有無『十八』。

一、在郷給人、御科被仰付後無念『十八』。

一、御構所江参不苦ケ条、并御構御払ノ差別『十八』。

一、小身侍無調法之節親類無念『十九』。

一、疵付者之差別『十九』。

一、在郷給人、町宿之節、大小不為取定『十九』。

一、御城下侍、出奔立帰、并御城下侍・在郷給人共ニ逼塞申上候時之定『十九』。」(1ウ)

一、御知行被召上方例『二十』。

一、勤仕有侍と遠士無調法之釣合『二十』。

一、百石以下知行取之子共、親之元江御返被成候もの、袴着用之事、并扶持方取、同断『二十』。

一、江戸御屋敷ゟ出奔者、尋〻(マヽ)相出候時之例『廿二』。

一、無調法申渡方、并親類無念申上候境『廿二』。
一、居釜〔竈〕被盗取候時御扱『廿二』。
一、途中不快ニ而　御目見、并御帳御見送外シ候者『廿二』。
一、書上支〔事、以下同ジ〕延引、并宿場御呵之支『廿二』。
一、於開帳場、侍江対慮外〔りょがい〕致候者『廿三』。
一、大赦之節、御□□〔緩方カ〕吟味『廿三』。
一、御城下侍、脇差斗〔計、以下同ジ〕ニ而野原ニ而死、跡式相立候例『廿四』。
一、追院之僧、御領分ニ難住居例『廿六』。
一、御城下侍並之娘、出奔立帰御扱『廿六』。
一、御家中不行跡等ニ而、親類扱ニ致候者、大赦御緩等不掛ニ付、御緩方吟味『廿七上』。
一、稽古扶持被召上候吟味『廿七上』。
一、酒乱ニ而人を殺候者、大赦御掛方吟味『廿七下』。」（2オ）
一、御祭礼之節、并御法事月、死罪御取行之儀、伺済『廿九』。
一、十五歳以下、御仕置吟味、并旧例『三十』。

一、御仕置者有之時、万覚『三十三』。
一、在ゝ被盗物有之時、屋捜之次第『三十九』。
一、御城下、右同断『四十』。
一、在郷給人、御知行被召上、家御取上定『四十二』。
一、道中駕人足定、御伺□□〔御附札カ〕、并諸家万伺『四十三』。
一、他領□〔ニカ〕而、科人召捕方御伺御附札『四十七』。
一、出奔人引戻方、馬盗人、女犯之僧、不義密通之諸御窺御附札『四十七』。
一、道中人馬貫目定、其外斗ひ方、中村町検断ゟ伺有之ニ付、千住駅中屋六右衛門江御頼、問屋迄取合御差図『五十一』。
一、右同断、心得御伺、并御付札『五十六』。
一、御番所詰之面ゝ、綿服着用御伺済『五十八下』。
一、御城下侍之妻、出奔立帰御扱『五十九』。
一、御一家、并並御家中、自分仕置旧格『五十九』。
一、御家中・在郷給人・又者、斬罪之例『六十』。
一、肆者取扱『六十四』。
」

（2ウ）

一、大赦之覚『六十七』。

一、往来之者煩候時、并病死、并篗輿送首尾『六十八』。

一、籠（牢、以下同ジ）死之者有之時之覚『七十五』。

一、窂（牢、以下同ジ）屋之定『七十六』。

一、玉野、御制札案詞『七十八』。

一、御洞駄賃『七十九』。

一、駄賃銭、御定割合『八十二』。

一、中村ゟ近国城下江道法『八十二』。

一、御洞道法『八十二下』。

一、中村ゟ江戸へ水戸通道法『八十三』。同西海道『八十六』。

一、中老□（御役カ）と唱□（御古例カ）、并御用御取次評定出席有無『八十七』。

（3オ）

『○（朱、以下同ジ）』御家老衆(1)御印鑑

一、五枚　宇多郷（うだ）(2)　椎木、初野、黒木、金谷原、須萱。

一、三枚　北郷（きた）(3)　両栃窪、鹿嶋。

(1)御家老衆　相馬藩の家老の要職に就いたのは、岡田・泉・堀内・熊川・泉田などで、相馬家の族葉の家柄が多い。定員は二〜三名で郡代家老は藩中の抜擢。
(2)宇多(田)郷　現在の福島県相馬市。
(3)北郷　現在の相馬郡鹿島町。

一、三枚　中郷（なか）(4)　原町、大原、馬場。

一、弐枚　小高郷（おだか）(5)　□（川カ）房、小高町。

一、三枚　北標葉郷（きたしねは）(6)　室原、小丸、浪江町。

一、五枚　南標葉郷（みなみしねは）(7)　野上、大川原、長塚、新山、熊川。

一、拾弐枚　山中（さんちゅう）(8)　二枚橋、薄石、草野、八木沢、飯樋、玉野、笹町、津島、赤宇木、昼曾根、野川、関沢。

一、弐枚　中村町(9)。

一、壱枚　牢屋。

『○』郡代衆（ぐんだい）(10)御印鑑

一、弐枚　宇田郷　椎木、初野。

一、壱枚　北標葉郷　小丸。

（3ウ）

一、三枚　南標葉郷　野上、大川原、熊川。

一、六枚　山中　八木沢、二枚橋、笹町、飯樋、津島、野川。

一、壱枚　牢屋。

(4)中郷　現在の原町市。

(5)小高郷　現在の相馬郡小高町。

(6)北標葉郷　現在の双葉郡浪江町。

(7)南標葉郷　現在の双葉郡双葉町・大熊町。

(8)山中　現在の相馬郡飯舘村・双葉郡葛尾（かつらお）村・浪江町、及び相馬市の一部。

(9)中村町　現在の相馬市中村。会所が置かれた。

(10)郡代衆　民政全般を司る役職で、上級武士（大身）より任命され、定員は三～四名。

『○』町奉行衆御印鑑(11)

一、弐枚　宇田郷　　一、壱枚　北標葉郷
一、三枚　南標葉郷　一、六枚　山中
一、壱枚　籠屋

但、町奉行衆印鑑ハ、御自分ニ而勘定方(12)江御頼、向々江茂(も、以下同ジ)、代官(13)江被相頼
達之悉替自分首尾也。

一、御用人(14)、郡代、頭取之□□印鑑不被相出。
古差書ゟ抜。
一、再役とても改而印鑑被相出。

(4オ)

『○』評定之事

一、評定(15)定日毎月　十六日・廿六日五半時揃之叓。
但、御野馬追(おのまおい)(16)前後三日之内ニ当候節、七月十六日、九月七日、十一月十六日ハ定式ニ而評定被相止。右之外、正月七日ハ勿論、同十六日茂御沙汰始御祝、四月廿六日ハ諸白(もろはく)御利酒(おききざけ)(17)、極月(18)廿六日ハ御沙汰終。殊ニ片白(かたはく)(19)御利酒

(11)町奉行衆　中村城の城下を取締る役職。百石以上の城下士より任命。
(12)勘定方　勘定奉行所。
(13)代官　領内の各郷に陣屋が設置され、民政全般を司る役職。定員七名。
(14)御用人　藩主に近侍して財政や庶務を預かる御側御用人とは別で、政事に参与する役職。定員は二名。
(15)評定　政務や事件を評議して決定すること。会所で行なわれた。
(16)御野馬追　平将門の故事に習い、野馬を敵に見立てて追う軍事訓練。相馬家累代が継承した行事で、江戸幕府に祭礼として認めれた。
(17)諸白御利酒　精白した白米を用いた麴と蒸米で醸造した酒(上等な酒)を味わって、その良し悪しをためす。
(18)極月　十二月のこと。
(19)片白　白米と黒麴で醸造した濁酒。

方ニ而、科人評定相止候時と、前日時々ニ廉々江被仰付有之候㕝。尤右定日之外、不時ニ茂評定被仰付候儀茂有之。尤不時之節、三月廿七日、邦玉(国)(20)御祭礼ニ付無之筈。

『○』評定出席役廉人数御定

一、老中壱人　一、御用人壱人　一、寺社奉行壱人　一、組頭壱人
一、郡代不残　一、物頭壱人　一、長柄奉行壱人　一、中目付壱人
一、町奉行弐人共　一、御台所頭　一、中頭壱人　一、勘定奉行不残

侍評定之時者、惣老衆御出席也。在郷給人」評定之時茂同断。

(4ウ)

二

一、科人披露(とがにんひろう)(21)都而其支配頭取次。頭披露之御用人ハ寺社奉行宛(22)。寺社奉行ハ組頭(23)・郡代宛。郡代ハ寺社奉行・組頭之内宛。物頭(24)・長柄(ながえ)奉行(25)ハ町奉行宛。中目付(なかめつけ)(26)・町奉行ハ物頭宛。御台所頭(27)ハ物頭・中頭(なかがしら)(28)之内宛。中頭ハ御台所頭宛ニ御科之次第物語候㕝。

一、右披露相済、早速科人直口(じきぐち)(29)被為聞、在郷給人(ざいごうきゅうにん)(30)以上ハ御評定席江相出、下々ハ白洲江召出シ、其支配頭取次、頭科人向へ着座、直口為申上候㕝。

(20)邦玉　相馬氏の始祖とされる平将門を祭神とする神社。
(21)科人披露　罪を犯した者の罪科について告げ知らせる。
(22)寺社奉行　寺社に関する祭祀・人事・訴訟などを取扱う役職。上級武士(大身)より選任され、定員二名。
(23)組頭　武官職制の一つで、侍大将に属し、軍列を定める役。二十五騎を引受け、二人で一組として五十騎が一隊。または、各郷における給人組の統率役。
(24)物頭　武官職制の一つで、足軽大将ともいう。足軽一組に一名。明暦の定めによれば、足軽十一組で物頭が十一人。
(25)長柄奉行　三間柄の鑓を扱う足軽組を統括する。鑓奉行ともいう。
(26)中目付　大目付の代理として、諸役人の政務を監視した。
(27)御台所頭　藩公の御勝手世話役。
(28)中頭　給人頭ともいう。在郷給人郷士頭役で、定員は七名。
(29)直口　直接話すこと。
(30)在郷給人　相馬藩特有の給禄で、郷村に居住し、

禄高に応じた無年貢の耕作権が与えられた下級武士。

(31)五人組　村ごとに給人郷士を統率する役で、ここでは五人頭のこと。

(32)家抱　武士に従属する下人。或いは、本百姓譜代の下人で土地を借りて耕作し、まだ独立していない百姓。

(33)又者　家来の家来（陪臣）。

(34)無調法　粗相（そそう）や失態。

(35)老衆　政事上諸事相談役の中老、または家老職の意か。

(36)旦方　檀方。檀家、または主人。

(37)会所　藩内の諸事を総括する役所。

一、物頭・長柄奉行・中頭ハ出披露仕候筈。但、月番ニ候得者、右三廉共席披露ニ仕候筈。乍去(さりながら)中頭ハ月番ニ而茂出披露仕候筈。中頭披露之時者、五人組(31)加添候而披露仕候筈。但、家中・家抱(けほう)(32)下人等之軽事ハ壱人披露也。

「(貼紙)右、中頭披露之節、五人組加添之事ニ候。御職制御変革ニ而、郷士小隊長と被仰付、席格も御引上、殊ニ隊中配下ニ相成候ニ付、以来五人組加無之事ニ御相談相済。　明治三年年六月廿三日評定之時極ル。」

一、百石以上之役人、并以上之役人之家来、又者(またもの)(33)召仕抔無調法(ぶちょうほう)(34)有之。評定ニ被相掛候時者、同役五人組之内ゟ披露之叓。」

(5オ)

一、物頭・長柄奉行・中頭、出披露致評定席江列席不致時者、評定決談後御席江被為呼、評定之趣、老衆(35)ゟ御相談有之。了間(りょうけん)〔簡〕有之候ハヽ、申上候而、又〻一同評議仕、御同意ニ候ハヽ、其段御直答申上候叓。

一、在郷給人以上評定ニ被相掛候節ハ、老衆御揃被成、其御組之旦方(だんぽう)(36)ニ茂御出席被成候叓。但、旦方ニ而御指合等有之。御出席無之時者、其御科人披露仕候。御組役人を以老衆ゟ旦方江御相談有之。旦方へ罷出評定決断之次第申上候。御挨拶之趣、会所(かいしょ)(37)へ罷出候而申上候叓。尤御差図を受、旦方江罷出候叓下〻

ニ候得ハ、旦方江御相談無之叓。

一、旦方江御相談御同意趣、御挨拶無之内ハ、評定列席之役人、御席ニ扣(控、以下同ジ)居候筈。

一、評定決断ニ而(欠字、以下同ジ)　御前江御伺被成思召有之、一汲(級、以下同ジ)軽ク被　仰出候時者、其段其節之評定役人江老衆ゟ被仰聞、尤衆評ゟ重く被　仰出候節ハ、又ム(無)評定被仰付候儀茂有之叓。

(5ウ)

一、評定不決断ニ思召候而茂、再評定とハ不被仰出、」押返シ評定被仰付候也。三若(もし)、及再三候得者、再評定と被　仰出候例茂有之叓。

一、評定科人大赦(たいしゃ)(38)之砌(みぎり)ニ而茂、評定ハ御科丈ケニ評定決断仕、夫ゟ(それより)赦ニ付、一汲御緩之次第、於御席郡代・勘定奉行(39)江相談被仰付吟味仕候。出席之役人江も御緩之次第、郡代衆ゟ被仰出候叓。

一、表評定(おもて)(40)ニ被相掛候科人ハ、侍下ミハ不及申、御家中(41)妻女ニ而茂、当日会所江被召出、直口御聞届候上ニ、評定被相掛候筈。前日、指見(しけん)(42)候。病気ニ而、中症之者抔馬駕ニ而も罷出兼、又ハ罷出候而も中座仕兼、或不舌(43)等ニ而指見直口難申上ものハ、評定当日不被召出、評定ニ被相掛候儀茂、在郷給人ニ者先例有之候得共、已後(いご)之例ニ者不相成筈。

(38)大赦　恩赦の一つで、刑罰の赦免を行なうこと。

(39)勘定奉行　藩政の会計役。定員は六名。

(40)表評定　公(おおやけ)の場における評議、評決の意。

(41)御家中　中村城下に居住する給人。藩侯直属で城下士とも呼ばれる。

(42)指見　私見の意か。科人、或いはその身内の者が意見を述べること。

(43)不舌　話すことが困難な者。

一、評定口切(44)、町奉行又ハ中頭江被仰付、或ハ勘定奉行・先官・中官何れ(いず)江被仰付候而茂、口切之方ゟ直ニ後官之勘定奉行江了簡相廻候㕝。夫(それ)ゟ順々ニ兼而之通一列切ニ了簡相廻候㕝。

(6オ)

一、評定相済、御裁許(ごさいきょ)(45)相済後、其節之評定出席之」役人一同、追々於会所印形(いんぎょう)(46)仕候㕝。

但、当時ハ評定済、直ニ其席ニ而調印致候㕝。

天保五年年ゟ

一、在郷給人以上評定之節、会所諸士之刀、科人江近付不指置、遠所江片付置候筈。

右之外、色々先例有之候得共、事繁ニ付略之。

『○』御評定席覚　是ハ同様之様ニ候得共、少違も有之ニ付記置。

一、物頭・中頭、月番(47)ニ而披露之節者、席披露立合之同役ハ勘定奉行、後官席を引達之上、勘定奉行向通東向ニ中座。直口承候節者、物頭并中頭席を外し、立合茂同様、向キを直し承届本席江相直、立合ハ御席引候㕝。

(44)評定口切　評議を始めること。

(45)御裁許　裁断。下部から上申された事柄の可否を判断して決定すること。

(46)印形　印。決議された文書に出席者が署名・押印をする。

(47)月番　要職や多忙な役職は数人が一ヶ月毎の交替で勤めたが、非番の月でも式日(しきじつ・諸役に定められた寄合集会の当日)は出勤した。また、月番で扱った仕事の処理を役宅内でするなど、休んでいたわけではなかった。

一、物頭・中頭披露ニ斗出候時茂、右同様中座致、遂披露直口承候時者、末席之勘定奉行立候而、科人相出候差図御用席ニ出居候。組頭江申達、尤(もっとも)出候順ハ組頭并組合、科人、親類と四人相出候也。

(6ウ)
一、評定一同ニ相成候節、物頭・中頭江被仰聞、了簡御聞」被成候儀、前ゝ於席四者席引後者区ゝ之処、文化十四丑二月七日評定ニハ席へ御呼出御聞被成。

『(朱)是者、其後茂毎度席へ御呼出御聞被成、近例ハいつも右之通也。老衆ゟ御差図次第、勘定奉行後官ゟ物頭・中頭江申通候叓。天保ゟ安政之頃如是。』

一、初之評定相済候所江両廉之内、月番ニ而席披露之時、立合之五人組出席之節為知、勘定奉行末席ゟ申通シ候例之叓。

一、下ゝ評定ニ被相掛候時ハ、他組共ニ呼指紙(さしがみ)(48)郡代判、町同身(まちどうしん)(49)江勘定奉行ゟ相渡遣呼候而、白洲(しらす)(50)江茂町同身召連罷出、入籠ニも町同身付添、首尾(しゅび)(51)致候叓。

但、町同身江ハ宵日(よいのひ)(52)町奉行ゟ被申付候。

『(朱)右常断ニ成居、当時ハ勘定奉行ゟ直ニ申付候義と有之叓。』

『○』御内評定(53)　御内寄合共相唱ル。

(48)指紙(差紙)　訴訟などに関して奉行所や評定所が発する召喚状で、一種の出頭命令であり、訴訟以外にも用いる。

(49)町同身(同心)　中村城下の同身町に居住。奉行所の配下で町の庶務や取締りを司る下級役人。

(50)白洲(白砂)　罪人の取調べや、訴訟の審理決断をする場所で、百姓・町人をはじめ、町医師・足軽・中間などの庶民は、白砂を敷きつめた所に坐らせて取調べを行なった。これは、偽りを申さず明白にという意味を持つ。

(51)首尾　物事をうまい具合に処理すること。

(52)宵日　前日・前夜。

(53)御内評定　百石以上の大身の城下士に対する吟味、および評定。

一、御家老不残　　一、御用人不残
一、寺社奉行両人　一、郡代不残
一、中目付弐人　　一、町奉行弐人」
　右之役〻ニ相出御相談也。

（7オ）

一、寺社奉行両人、御内評定出席被仰付候ハ、享保十七子二月十八日、於　御城岡田監物殿(けんもつ)(54)ゟ脇本喜兵衛殿(55)江被仰付。
一、御内評定ニ者、寺社奉行・中目付・町奉行病気指合(さしあい)(56)ニ候得者、御雇ニ而者出席不仕。尤御内御相談も同断(どうだん)(57)。
一、御内寄合之節者、御科人之御科之次第、中目付へ被仰付書面読候㕝。若、出役(しゅつやく)(58)之内支配ニ候得ハ、其支配方読之。
一、了簡口切者、町奉行江被仰付。
一、御内評定ニ而御裁許相済候者、御城下侍斗、在郷給人下〻等ニ者、決而(けっして)無之先例也。
一、御内寄合ニ者、御定日無之、何迚茂不時(59)ニ被仰付候㕝。尤御場所も御城、会所何方ニ而も有之㕝。

(54)岡田監物殿　春胤。享保五年(一七二〇)三月家督相続。同十五年八月、家老職となる。
(55)脇本喜兵衛殿　義明。元文二年(一七三七)七月、家老職となる。
(56)指合(差合)　さしさわりがあること。故障。
(57)同断　前と同じであること。同様。
(58)出役　本役のほかに、臨時に他の職務を兼ねた役人。
(59)何迚茂不時ニ(いづれとてもふじに)突然に。思いがけない時に。

一、申渡書ハ郡代方江被仰付。郡代方認(したため)(60)指上、御内御相談之時ハ、申渡之趣老衆ニ而御認、申渡之支配方江御渡被成候叓。

『〇』御内御相談　「五

(7ウ)
一、惣老衆(61)　一、御用人不残
一、郡代不残　一、中目付弐人
右之廉ニ而御相談有之、併右之廉ニ而可然哉、中目付ゟ老衆江伺被申合叓。

『〇』御前(ごぜん)評定(62)

一、郡代以上不残、中目付加ル。
但、物頭以上被仰付候時茂有之。

『〇』会所吟味

一、郡代・勘定奉行不残列席。於会所、其支配頭江五人組加り罷出、吟味仕候筈(はず)(63)。
会所僉議(せんぎ)(64)之節茂右同格也。若、同役之五人組指合候時者、他役之五人組ゟ加

(60)認　書き記す。
(61)惣老衆　家老職全員。
(62)御前評定　藩主の前で評議すること。
(63)筈　事柄について予定、確信を表わす語。
(64)僉議　僉は全部の意、大勢で評議すること。また、犯罪の取調べや罪人の探索。

リ、取候筈之処、中頭ハ、披露僉議申渡、会所吟味共五人組之同役指合候時者、外(ほか)御組之同役ゟ加り候筈。天明四辰七月四日相済。

一、組頭茂会所詮議之節者、同役之五人組病気等之節者、壱人罷出加り取候ニ不及筈。

(8オ)
一、在郷給人無調法有之、会所僉議相成候時者、」前度(まえたび)(65)大小取揚不申、無調法ニ而茂、会所僉議之座敷ニ而者、大小為取次之間江為置候筈。

右者御評定所重く候故也。

一、奥老(66)・中目付・御使番(おつかいばん)(67)・御普請奉行(68)等之家来、又ハ草履取(ぞうりとり)(69)抔無調法詮議、并評定披露、都而五人組ニ而仕候処、主人無調法之披露も五人組ニ而仕候叓。此(この)外(ほか)も、役人之家来并役人之無調法ハ、其五人組ゟ評定披露申上候。

一、下〻評定相済候得者、諸支配共即日於会所、御咎之次第其支配方ゟ申渡筈也。

尤、加り無、但死罪之者ハ格別之叓。

右者足軽・長柄・久住主(くじゅうぬし)(70)・又者等之時。

右者、寛政八辰四月廿六日、松本甚左衛門(71)草履取渋川村忠治、熊川兵庫(72)草履取三治、装束を兵庫台所ゟ盗取候無調法ニ付、評定ニ被相掛、御城下并居郷

(65)前度　そのたびごとに。

(66)奥老　奥方付家老。

(67)御使番　伝令将校。軍事では戦場で進退の伝令を司る。また、平時においては、藩主の命令を伝達する。

(68)御普請奉行　中村城内外の諸施設の修理・造築などの工事や管理を司る。

(69)草履取　武家に仕えて、主人の外出時に草履を持って供をした下僕。

(70)久住主　久住者(くじゅうさ)と同意か。一定の境界や場所(寺など)に長く住んで修行した僧。仏語。

(71)松本甚左衛門　百五十石、大身。

(72)熊川兵庫　千二百四十余石、一門。名は長福。享和二年(一八〇二)家老となる。

御構ニ相決、申渡場所不相知候処、右之通相決、会所玄関ニおゐて西市左衛門(73)申渡ス。

一、御用人支配之侍評定直口老衆御聞被成候節、他役」ハ咎人之向江其支配方着六座ニ而、直口為申上候処、御用人ハ居成ニ而為申上候也。

(8ウ)

『○』博奕打(ばくちうち)(74)

」(9オ)

一、五日籠舎(ろうしゃ)(75)。

一、三日肆(さらす)(76)。

但、六日目ゟ三日肆、若　大公儀(77)御精進(ごしょうじん)(78)か、御手前様御精進(79)ニ当候得者除之、尤御手前様御精進ハ初日斗除。

一、下川原(しもかわら)(80)ニ而紙小簱を為差一日肆。宿場ニ而一日同断之上、竹螺(たけぼら)(81)を吹肆、右同断居村ニ而一日竹螺を吹肆。

一、過料壱分(かりょういちぶ)(82)御取上。

一、発言人(はつげんにん)(83)ハ弐分。

一、宿致候者(84)弐分。　一、宿致シ加リ候者三分。

(73)西市左衛門　四百石、大身。名は記治。文化元年(一八〇四)家老となる。

(74)博奕打　金銭などを賭け、賽子(さいころ)や花札などを用いて勝負を争うこと。また、それを生業とする者。ばくえきともいう。江戸幕府も諸藩も博奕の禁止を幾度となく発したが、手をかえ、品をかえて種々の博奕が流行した。

(75)籠舎　牢舎。牢に入れること。牢獄。

(76)肆　晒(さら)しの意。刑罰のひとつで、罪人を市中に坐らせ、罪状を書いた高札を傍に立てて公衆に示した。通常三日間。

(77)大公儀　江戸幕府。

(78)御精進　近親の忌日に、一定期間は言語・行為・飲食などを制限して、身を清めて不浄を避けること。精進潔斎。

(79)御手前様御精進　藩内での精進日。

(80)下川原(下河原)　現在の相馬市中村、川原町。下士屋敷が連なっていた。

(81)竹螺　竹法螺のこと。竹を切って管(くだ)として吹き鳴らすもの。筒貝(つつがい)ともいう。

(82)過料壱分　罰金(過銭)

一、宿之上発言致候得者三分。
一、屋敷続五人組ゟ壱軒弐百文ッヽ。
一、村中壱軒百文ッヽ。
右之通御扱ニ而居候処、公儀ゟ御沙汰有之、尤、御手前様ニ而茂、厳敷（きびしく）御取〆之折柄（おりから）(85)、旁（かたがた）(86)御取締ニ付、当時左之通、御扱被成候也。」七

『○』博奕打奴仕（やっこつかい）(87)

(9ウ)
一、窂屋敷江奴小屋御仕繕、白米五合扶持（ふち）(88)被下詰居、御城下廻土方割普請江御仕被成。
一、右ニ付奉行壱人小奉行江増人被仰付。
一、右迎送并仕事為差図鳶（とび）(89)者壱人御増被置候。

『○』奴仕日数、左之通

一、五日籠舎代、『十日』（朱、以下同ジ）　十日奴仕。『廿日』
一、七日籠舎代、『十五日』　十五日奴仕。『三十日』

のこと。庶民に科せられた刑罰のひとつで、金銭で罪を償わせた。壱分は一分金の略で、一両の四分の一。
(83)発言人　ここでは、博奕を行なうことを提案した者。

(84)宿致候者　ここでは、博奕場（賭場）を提供した者。
(85)折柄　ちょうどその時。
(86)旁　旁々。あちこち。
(87)奴仕　罪人を奴僕のように労役として使用する。
(88)扶持　扶持米のことで、下級の者に支給された俸禄のひとつ。一人一日五合で計算され、一年を三百六十日として、一石八斗を一人扶持と称した。
(89)鳶　鳶人足。建築や土木工事の人夫に出る仕事師。

一、十日籠舎代、『廿日』　廿日奴仕。『四十日』
一、十五日籠舎代、『三十日』　三十日奴仕。『六十日』
以上者時之吟味次第。

一、七日籠舎代、　十五日奴仕。
（朱、以下同ジ）『十五日、』　『三十日。』
過料壱分。

『〇』博奕打候者
但、赤頭巾を冠セ奴ニ仕ひ、是迄之肆ハ被相止。

」（10オ）
『〇』宿之上発言致候者
一、十五日窂舎代、　三十日奴仕。
『三十日、』　『六十日。』
過料三歩。
但、右同断。

『○』宿之上加候者

一、十日牢舎代、　廿日奴仕。

『二十日、』　『四十日。』

過料三歩。

但、右同断。

『○』発言致候者、并宿致加り不申者

一、十日籠舎代、　廿日奴仕。

『二十日、』　『四十日。』

過料弐分。

但、右同断。

『○』見物致居候者

」八

（10ウ）一、五日籠舎代、　十日奴仕。

『十日、』　　　　『廿日。』

過料壱分。

但、右同断。　肆ハ元〻無之、肆代過料也。

『〇』女御扱

『〇』宿之上発言致候者

一、十五日籠舍。

『三十日。』

過料三分。

肆代過料壱〆(貫、以下同ジ)五百文。

『〇』宿致加り候者

一、七日籠舍。

『十五日。』

過料三分。
肆代過料壱〆五百文。
『○』発言致候もの」
（11オ）
一、七日牢舎。
『十五日。』
過料弐歩。
肆代過料壱〆五百文。
『○』打候斗之者
一、七日牢舎。
『十五日。』
過料壱分。
肆代壱〆五百文。

『○』宿致候者

一、七日籠舎。

『十五日。』

過料弐歩。

肆代壱〆五百文。

『○』見物致候者

一、七日宿場縄付御呵(おしかり)(90)。

『十五日。』

過料壱分。

(11ウ)

屋敷続五人組。

一、壱軒弐百文宛。

『外壱軒ニ付壱人宛御用人足仕。』

村過料。

一、壱軒百文宛。

(90)御呵　庶民に科した最も軽い刑罰で、叱責するだけで放免した。

『外壱軒ニ付壱人宛御用人足仕。
肝煎(きもいり)(91)。

『他所もの斗ニ而打候時ハ、
村役人御用人足仕、并肝入
遠慮無之方と決ス。
文久二戌四月　』

一、遠慮(えんりょ)(92)五日御取受。
『逼塞(ひっそく)(93)七日。』
以来右之通御扱被成可然。右ケ条ニ無之程之義者、其時之吟味ニ而可然候。
五月
右之通御取〆ニ付、御相談之上御家老衆迄被　仰上相済候事。
天保十三寅年五月
『右之通相成居候処、弘化元九月極り、左之通。』
」
『一、当八月中博奕之儀、猶又御取締ニ付、当分之間朱書之通御取扱ニ申上済。』

（12オ）

『肝煎』
『一、逼塞七日御取受。
但シ、他村・他郷ニ而被打候節、遠慮五日御取受、村長(94)・百石頭(95)・五人
組頭(96)・十人組頭(97)者、村過料御免(98)。』

(91)肝煎　肝入。村の名主や庄屋の異称。一村内の民政を司る役職。
(92)遠慮　刑罰のひとつで、昼間のみ居宅で蟄居(ちっきょ)、閉門する謹慎刑。
(93)逼塞　武士・僧侶への刑罰のひとつで閉門よりは軽い。門を閉じ、昼間の出入りは禁じられたが、夜間に潜戸(くぐりど)からの出入りは許された。
(94)村長　肝入下役で一村に二名以上の定員。百姓身分。
(95)百石頭　肝入下役。高百石に付き一名が置かれた。百姓身分の郷村役職。
(96)五人組頭　五戸程度を一組として組頭一名を置き世話をさせた。
(97)十人組頭　十戸程度を以て十人組を設け、組頭一名が置かれた。
(98)村過料御免　その村に関する不祥事で罰金(過料)が村に課せられると、各家ごとに負担が割当てられたが、これを免除すること。

『一、御用人足仕十日。
　但、他村・他郷ニ而被打候節、御用人足仕五日、村過料ハ御免。』

『在方右之通御治定ニ付、町方茂右ニ准し、左之通。』

『一、博奕打候者。
　奴仕并過料等在郷ニ同し。
　　但、一町中人足仕無し。

（12ウ）

一、遠慮五日。　検断(けんだん)(99)。
一、御用人足仕十日宛。　組之十人役、若者(もしくは)頭火之番頭。
　但、他町又ハ在郷ニ而致候ハ、五日宛。
一、博奕取締組合中。　壱軒壱人宛。御用人足仕。
　但、他町・他郷ニ而打候ハヽ、人足仕なし。
右、弘化三午二月四日極ル。』

（13オ）

『○』御不幸有之節籠舎者扱

(99)検断　取り調べること。

一、博奕打共入籠有之処、御忌明後、兼而之通肆之上、過料御取上可被成処、大赦之砌(みぎり)ニ付、過料ハ御免可被成候得共、御中陰中、肆御遠慮ニ付、寂(最、以下同ジ)早追々大勢ニ相成、籠ニも余り、殊永々御賄茂費、其上永入籠ニ而ハ、御砌柄不可然筋ニも相当候間、肆代過料金弐歩宛御取上、出籠被仰付可然と吟味申上。

七月

右年号無之、文化十三子年　岧嶢院(ちょうぎょういん)(100)様御遠行年か。

『○』召捕者之儀被　仰付

諸支配江

在郷ニ而無調法人有之節、郡代引越勤中ハ、御城下侍(101)之外、他支配迄一通り承届口書会所江遣、夫ゟ其支配江相達候様被仰付候。

但、寺社方(じしゃかた)(102)ハ諸本寺并役寺(やくじ)(103)・院代(いんだい)(104)・名代(みょうだい)(105)家以上者、是迄之通被仰付候。

(13ウ)

一、召捕者少間有之候得者、色々取繕、偽等を申立、」科明白ニ落着(らくちゃく)(106)兼候義有之十一ニ付、追而落着兼可申哉。無心許ものハ、以来召捕候節(せつ)(107)、一通ハ捕方ニ而早速承届申出候様被仰付候。

(100)岧嶢院様　藩主、相馬祥胤の法名。文化十三年(一八一六)六月二十日、中村城で卒す。享年五十二歳。同慶寺(相馬郡小高町)に葬る。

(101)御城下侍　中村城下に居住する武士。寛永期以前は、府下(ふもと)給人と呼ばれた。

(102)寺社方　寺社奉行。

(103)役寺　本寺に代わり、寺院に関する規約を伝えるなどの寺務を扱う寺。

(104)院代　普化(ふけ)宗の寺の住持を言うが、ここでは院家の寺格を持つ寺の住職代理の事か。

(105)名代家　人の代理を務める家。

(106)落着　決定すること。

(107)節　何々の時・何々の折、などの意味。

夘(卯、以下同ジ)二月　文政二夘歟。」

（14オ）

『〇』笞打之定

一、両耳・鼻ヲ切候罪人ハ、杖ニ而、男ハ五十。女ハ三十。

一、両耳切候罪人ハ、杖ニ而、男ハ三十。女ハ二十。

一、片耳切候罪人ハ、杖ニ而、男ハ二十。女ハ十。

笞　大頭、杖之元之小口弐分七厘(もとのこぐちにぶしちりん)。(108)
　　小頭、杖之末小口(すえこぐち)壱分弐厘。(109)

杖　大頭、杖之元方三分弐厘。
　　小頭、杖末ノ小口弐分弐厘。

右長サ何毛(も、以下同ジ)三尺五寸也。(110) 柳之枝小節之処を破取て同シ枝之内、元之方ニ而拵(こしらえ)候を大頭、末之方ニ而拵候を小頭と言、尤笞毛、杖毛同シ木也。拵方も同様ニ而、太きと細きニ而杖と笞と唱り。柳之儘(まま)にて皮を毛不取、小節を取候迄也。小口之方何分何厘本朝曲尺(ほんちょうかねじゃく)也。(111)

一、打様、杖・笞共同様也。縄手錠ハ免し、男ハ裸にして、女は単物一枚着セ、両手を広ケ、両足を踏出させ、ウツムキニ致し、腰を打也、男女共同様打也。

但、打程ハ平人之力だけ打也。」十二

(108)元之小口弐分七厘　竹木の根元の方を元口(もとくち)と言い、小口とは切口の断面を言う。壱分は約三ミリ、厘はその十分の一で、弐分七厘は約八ミリ程の直径の寸法を示す。

(109)末小口　竹木の根の方と反対に先の方を末口(すえくち)と言い、末小口は、末口部分の切口断面。

(110)三尺五寸　一尺は約三十センチで一寸はその十分の一。約一メートル五〜六センチの長さ。

(111)本朝曲尺　本朝とは我国の意。曲尺は、まがりがね・かねざし、などとも言う。金属の平板をL型に作り、表裏に目盛が刻まれ、定規を兼ねた物差しで、木工職人が使う。

(14ウ)

一、罪人打候時、台江居候事ニハ無之、土間平らか成る所ニ而打へし、但、片手ニ而打候由也。

一、右刑当時　公儀諸家共ニ有之哉、被　仰付候処ニ、当時　公儀ニハ打放シと申竹を割、クワンセヨリ(112)ニテ巻、水ニひたし、小砂を付打也。

一、柳之木ハ、コブ柳と申柳之由、是ハ熊柳之事ニ有之候。

一、此度、疵付刑を笞打之刑ニ御改被成候ニ付、打方数等井上文平(113)江致相談候趣。

両耳・鼻切候罪人ハ　杖ニ而、男ハ五十。女ハ三十。

両耳切候罪人ハ　杖ニ而、男ハ三十。女ハ二十。

片耳切候罪人ハ　杖ニ而、男ハ二十。女ハ十。

右者、杖大頭ニ而打候而可然由。

一、男ニより、老若ニもより、又ハ罪人之強弱ニより可申候。

右者、其時之評略ニ而無之候而ハ相成間敷候。

一、打候ハヽ、破れ候事も可有之候。夫ニハ不構打候也。

(15オ)

一、打候事ハヽ、一ツ二ツと数を留申候。尤、打候杖・笞ヲ振上ケ、」笞・杖之先打候ものゝ、頭之上後江廻り候程ニ振上ケ打候叓。尤、打候内ニ被打候もの

(112)クワンセヨリ　観世縒(かんぜより)。細く切った紙をよって紐(ひも)のようにしたもの。

(113)井上文平　儒学者。名は立元、字は純卿、金峨(きんが)と号す。江戸の人。安永八年(一七七九)九月～十二月まで中村に滞在(「御経済略記」)。

息を切候か、苦痛仕水を好候叓有之候ハヽ、打候手を止メ水を為呑候也。

一、打候時、罪人気絶致候事も有之候。其節猧参湯(いぬざんしょう)(114)或ハ延齢丹(えんれいたん)(115)相用候事、其用意仕置可然由。

安永九子年九月七日

一、策打有之時、郡代組医師壱人被仰付罷出候。尤人参心掛罷出候叓。

一、右之節、賃夫(ちんぷ)(116)五人御勘定奉行指紙ニ而、当町ゟ為相出候。尤、御政事方・御勘定奉行両人調印之上、町同身頭江相渡候叓。

一、検使(けんし)(117)・御徒士目付(おかちめつけ)(118)・郡代衆ゟ御用人衆江被仰出、御同廉ニ而被仰付、委細ハ御勘定奉行江承合(しょうごう)(119)可相勤由、御達之趣ニ而霄(宵カ)日会所江出、取合有之候旨、何村又ハ無宿誰、策何十打、他所江追放とか、又ハ御構とか書記相達ス。

一、右之節、籠出御指紙ハ御徒士目付首尾也。

(15ウ)

一、御領分之ものニ而笞打之上改易(かいえき)(120)、又ハ御構所等(おかまいところ)(121)被仰付候者ハ、呼(よび)指紙ニ而当十三朝会所江呼、郡代衆ゟ被仰渡、又ゝ入籠之上出切(だしきり)御指紙ニ而出シ、笞ニ而打、改易御構所被仰付候分ハ御用聞江申合、組合親類を為呼置直ニ相渡候。尤御用聞ゟ代官へ送状遣候。呼指紙ハ御用聞首尾、他所者(よそもの)(122)并無宿者(むしゅくもの)(123)ハ御勘定奉行

(114)猧参湯　犬山椒のことか。ミカン科の落葉低木で、葉は打撲症の外用薬、実は咳止め、湿布剤となる。

(115)延齢丹　江戸時代、一般に常用されていた健康常備薬。延齢草(ユリ科の多年草)の地下茎を陰干しして煎じ、健胃剤、吐剤とした。

(116)賃夫　賃金を払って雇う人夫。

(117)検使　事実を見届けるために派遣される使者。

(118)御徒士目付　騎乗を許されない下級の武士、軽輩の目付で警衛や探偵などに従事の家中屋敷内取締役。定員は二名。

(119)承合　問い合わせて知ること。

(120)改易　武士に対する刑罰のひとつで、俸禄や領地・屋敷などを没収すること。

(121)御構所　罪人を閉じ込めておくところ。また、特定地域(領内追放など)への立ち入りを禁ずる刑罰。

(122)他所者　相馬藩の領内に属さない他藩の者。

(123)無宿者　住む家も生業も持たない者。また、罪を犯したために人別帳から名前を除かれた者。

首尾也。

但、会所ニ而申渡済候咎人ハ、御徒士目付申渡ニ不及ニ付、申渡書茂入不申候。出切御指紙ニ而出シ、直ニ為打相済候処ニ而組・親類へ相渡候叓。

一、右、他所追放者一銭之貯無之、尤払可申品も無之もの江者、欠所（闕）（けっしょ）(124)ゟ鳥目（ちょうもく）(125)百文被下候、払可申品ニ而茂有之分江ハ被下ニ不及、御領分之もの江ハ何れニ而も御構なし、親類等も有之故也。

一、申渡書ハ、公事帳（くじちょう）(126)預之御勘定方江口書を廻し、案詞（あんし）(127)を作、御勘定奉行見届を受候上、延紙（のべがみ）(128)へ清書致指出候先例之処、近頃御勘定奉行ニ而兎角（とかく）案詞を認、清書斗為致候義多候処、左候而者後学ニ茂不相成候間、案詞不宜処も有之候ハヽ、何ケ度」（16オ）も直候而、矢張（やはり）(129)古例之通致候方可然段、御家老脇本喜兵衛ゟ無吃度（きっと）(130)御達有之居候間、以来古例之通被扱可然候。

一、笞打江出候御徒目付、近頃立合と唱候処、先年之覚書（おぼえがき）(131)ニ検使と有之候。申渡迄茂致候上ハ、検使之筋ニ付以来検使と被仰付可然叓。

『（朱）近例右之通之処、先々（せんぜん）(132)之例左之通。

一、宇田川町（うだがわちょう）(133)政五郎杖打之時。

(124)欠所（闕所）　刑に処せられた者の田地や家屋敷・家財を没収して藩が直接支配としたもの。

(125)鳥目　銭の異称で、江戸時代までの銭貨は円形方孔で鳥の目に似ているところから言われた。

(126)公事帳　訴訟の審理や裁判などの記録は、公事方（くじかた）といわれる勘定所が扱っていた。

(127)案詞　文案を書いた書簡。また、例文を載せた書類。

(128)延紙　奈良県吉野地方から多く産出した。縦七寸（約二一センチ）、横九寸（約二七センチ）ほどの小型の杉原紙。

(129)矢張　元のまま。他と同様に。

(130)吃度（急度）　きびしく。厳重に。

(131)覚書　後々の記憶のために書きとめておく文書。

(132)先々　さきざき。前々。

(133)宇田川町　現在の相馬市中村、宇多川町。かつては、南町と称された。

一、郡代組医師本味心掛罷出候様、郡代衆ゟ被仰付候事。
一、御勘定奉行ゟ町同身頭呼出、杖打有之間手宛致候様申付候叓。
　但、町同身六人、人足弐人出候由、惣而同身頭首尾致候叓。
　右之通ニ而、外ニ首尾無之候。
　　丑五月十八日
一、野州烏山産(からすやまうまれ)(134)無宿源之丞、文化十三子五月策打之節、人足六人町方ゟ出ル。
何方之(いずかたの)ものニ而も同し。

（16ウ）

一、草野半右衛門(135)、江戸草履取同身七郎左衛門家抱林蔵、」策打之節ゟ町同十四
身頭壱人並弐人、人足五人出ス。御勘定奉行連印(れんいん)(136)ニ而、当町江差紙町同身
頭へ渡ス。
一、籠出指紙ハ御徒士目付首尾也。
一、在郷給人疵付之節、検使中小姓目付(ちゅうごしょうめつけ)(137)申渡、中頭大組之外ニ候ハヽ、是又
先官之中頭。
　右者、籠屋敷ニ而被行候筈。

(134)野州烏山産　下野国烏山(現在の栃木県那須郡烏山町)。

(135)草野半右衛門　名は正辰。江戸詰家老。弘化四年(一八四七)十月没。草野家は武田流軍法を学び、代々軍学者の家柄。墓は相馬市洞雲寺に在る。

(136)連印　連判とも言う。一通の書面に二人以上が責任を連帯するために姓名を列記して捺印すること。

(137)中小姓目付　小姓組と徒士組の中間の身分で、藩主に近侍する下級武士の取締り監督をする。また、藩主の護衛をつとめる。

『○』他所追放者

御科有之他所者御払之時、首尾左之通。

一、御勘定奉行ゟ検頭(138)呼出、申渡書相渡候事。

一、籠出指紙縄取歩夫(なわとりかちふ)(139)指紙、是又同廉ゟ町同身頭呼出相渡候事。

一、鳥目百文闕所ゟ被下候叓。

『是者、金銭ハ勿論、可売払所持之品も無之ものゝ事也。縦令(たとえ)金銭ハ無之共、可売払品所持致候上者被下ニ不及候。』

先年他所追放之儀、従(より)　公儀被仰付。

（17オ）

『○』科人追放之事

右科人品に依て扶持を召放し候歟、或ハ家財闕所、又ハ品軽く過料等、夫々(それぞれ)に可申付義、勿論之事ニ候。件(くだん)(140)之悪事有之もの領内に差置候を嫌ひ、他所江放し遣候義有之間鋪事ニ候。近年於　公儀ハ追放之者、先ツハ無之様被　仰付候間、国々所々におゐても其旨を存、猥(みだり)(141)ニ追放有之間敷候。然共喧吪抔(しかれどもけんかなど)ニ而双方疵付」候歟、又ハ侍抔品ニより追放被申付、却而可然趣も有之候間、　十五

（17ウ）

(138)検頭　検使頭のことか。

(139)縄取歩夫　罪人をしばった縄の端を持って、罪人を連行する者。

(140)件　述べた通り。

(141)猥ニ　むやみやたらに。規則を無視して。

其段ハ格別之事ニ候。

享保七寅二月

右之通　公儀ゟ被　仰付候間、下〻他所払御用捨(ごようしゃ)(142)、侍ハ格別と相成候叓。

一、疵付他所追放、戌極月(いぬのごくげつ)(143)御寄合ニ而自今以後(じこんいご)(144)無用ニ成ル。　此戌と有之ハ、九年跡同十三戌か。

右之通済候得共、命境外(きょうがい)(145)ニ被仰付方無之ものハ、疵付追放被成候茂有之、先ッハ不相成筈。

右之通郡代衆扣ニ有之写置候也。

(18オ)

『○』格式外他所追放

」

一、文政三辰年六月廿一日、門馬作右衛門(もんま)(146)無調法ニ付、格式(かくしき)(147)を外(はずし)、大小欠所江取[闕]上、御領分御構他所江追放之時、御馬廻(おうままわ)り目付(148)壱人、町同身弐人ニ而、北御境(149)江追放為致候。

但、頭宅座上ニ而申渡、大小取上、袴為脱、白洲江落し引渡、改而縄ハ不打、尤御裁許前ニ格式外シ、縄を着居候ものハ其儘(そのまま)ニ而送候様相見候。

蠟燭(ろうそく)三挺闕所ゟ渡ル。釣灯(ちょうちん)(150)ハ籠屋ゟ為借歩夫ニ為持、御馬廻目付江ハ、雨

(142)御用捨(容赦)　許すこと。大目にみること。

(143)戌極月　享保十五年(一七三〇)庚戌。極月は十二月のこと。

(144)自今以後　今よりのちは。今後。

(145)命境外　仰せのほかという意。

(146)門馬作右衛門　組頭・物頭。百五十石の大身。

(147)格式　地位や身分。家柄。

(148)御馬廻り目付　藩公および御一家・御一門の周囲を警護する御馬方(馬廻組)を監督する。

(149)北御境　相馬藩領の北方、伊達藩との領境で、境目付が置かれた。

(150)釣灯　提灯のこと。灯火具のひとつ。中にろうそくをともすのが特色。

具持御貸人有之、歩夫指紙ハ兼而之通目付江渡ス。

一、天保四巳十一月南標葉(みなみしねは)郷鴻草(こうのくさ)村[151]肝煎、竹内作太夫検見地引(けみちびき)[152]間違之無調法ニ付、御領分御構、他所江追放被仰付候処、格式外レ候得者、御徒士目付付添相送候例ニ候得共、此度ハ格式有之追放ニ候得ハ、左之箇條茂有之、御附被成候ニ不及義と相談之上、親類ニ而送候而無相違送リ届候段、御届仕可然と吟味済、其通扱ニ成ル。

一、差紙案詞扣ニ、」十六

在郷給人他所江御追放被成候共、御徒士目付ハ不出、但疵付之時者、其場江斗立合寺領持之沙門(しゃもん)[153]茂同然、乍併是ハ在郷給人格之沙門也。

（18ウ）

一、右ニ付扱方左之通。

鴻草村肝入竹内作太夫、同村并渋川(しぶかわ)村[154]検見地引不埒(ふらち)[155]之無調法ニ付、御役被召放御知行被召上、御領分御構他所江追放被仰付候節、先例相知兼候処、前書相見候。差紙案詞ニ在郷給人他所江追放ニ者、御徒士目付ハ不出と有之、左候得者、親類へ渡為送候儀と落着。出切之御指紙ニ而揚籠(あげろう)[156]ゟ相出、在郷御用聞ゟ申渡、手錠を外シ親類江相渡、大小を渡シ為帯、北境目付[157]江引合之上放

(151)鴻草村　現在の福島県双葉町鴻草。

(152)検見地引　検見引(けみびき)の意か。稲の収穫前に作柄を調べ、規定量に作毛が達しない時、損毛分の高を年貢総高より引くこと。

(153)沙門　出家の総称。僧侶・法師をさす。さもんとも言う。

(154)渋川村　現在の福島県双葉町渋川。

(155)不埒　不法。不届き。

(156)揚籠　揚屋(あがりや)のことか。註(159)を参照。

(157)北境目付　伊達藩との領境見廻リ取締方。給人郷士より選任。

出ス。

但、在郷御用聞不案内ニ而常之籠出指紙を取置候処、他所御追放之ものハ御用番老衆御一判と有之候得共、案文等茂聢と不見。御判取置候御指紙ニ而茂何之指支茂無之間、其儘（そのまま）ニ而相済シ候。跡之義者致穿鑿（せんさく）(158)極置候筈。

（19オ）

一、宝暦元未年、二宮長蔵他所江追放之節、御徒士」目付壱人、町同身弐人御境目江送り候事、其節之首尾御徒士目付也。

一、他所追放之者江　思召を以脇差御免御渡被成候例、申渡書之内ニ有之とあり、猶糺（ただ）し書入置べし。

一、在郷給人格式を御外被成候無調筋〔法脱カ〕申渡候時者、揚屋（あがりや）(159)ゟ手錠ニ而取次頭宅江相出、格式を御外被成候段、於座敷申渡シ、其後白洲江下ケ縄を掛、御徒士目付江相渡ス。

　右、前度ニ御徒士目付詰居候筈。

一、文政二夘四月、万徳寺秀仙去年中被及御聞候無調法ニ付、揚屋永籠被仰付置候処、此度大赦ニ付出籠被仰付候所、御科柄殊ニ出家ニ付御領分御払被仰付、御境江送方之儀吟味有之処、追放之ものと違候間、寺社奉行ニ而申渡之節、

(158)穿鑿　取り調べること。究明すること。

(159)揚屋　牢屋のひとつで、罪が決定しない未決囚（みけつしゅう）を収容した雑居房。また、僧侶や神主、あるいは女性の罪人を収容する牢屋。

役寺法類(ほうるい)(160)出置候間、法類ゟ送候様申付為送可然相決ス。
但、申渡之節衣斗ニ而出、其後袈沙(けさ)(161)為掛宜敷(よろしく)と決ス。

一、文政十亥三月廿九日、永野村(162)古内記義被及御聞之儀有之御沙汰可相成折柄、大病ニ付跡式(あとしき)願(ねがい)(163)相済、病症柄ニ付親類南新田村(みなみにいだ)(164)、渡部文右衛門宅江囲込置十七候段届置候処、文右衛門扱方手緩(てぬるい)故、囲より忍出、所々徘徊(はいかい)悪業共有之段、同郷目付(ごうめつけ)(165)ゟ跡郷目付江申合置候ニ付、此度南標葉郷目付ニ而取押へ、内々ニ而親類江引渡候段被及御聞、北境江追放被仰付候節、竹内作太夫例を以親類ニて為送候也。右之節、文右衛門五十日逼塞被仰付候。」

(19ウ)

『○』在郷給人詮議之節大小為取候境(166)

一、在郷給人、無調法詮議之内重く相成、組親類江御渡と相成候得者、是を境ニ大小取候。格先年(167)ハ一向(いっこう)(168)御城下共ニ取不申処、弐拾年以前石橋七郎左衛門無調法ニ付御渡ニ相成候時ゟ、御城下・在郷給人共極候由(きめそうろうよし)(169)。
右者木幡(こわた)次郎右衛門(170)取次、給人無調法有之節、延享四夘七月廿日於会所、佐々木五郎兵衛・村津貞兵衛・吉田源左衛門ゟ同人承候由、中頭覚書ニ有

(20オ)

(160)法類　同宗・同派に属する寺院、または僧侶。
(161)袈沙（裟）　僧が出家者の標識として着る法衣。黒や木蘭色（もくらんじき）のにごった色で染めるところから、その名がある。
(162)永野村　現在の福島県原町市長野。
(163)跡式願　遺領や家名の継承を願い出ること。ここでは、身柄の預り願い。
(164)南新田村　現在の福島県原町市の市街地で、青葉町・旭町・東町・大町・北町・上町・栄町など他。
(165)郷目付　郷内の警務を担当。百石以下の家中から選任され、各郷に一名。
(166)境（折）　～の時。～の際。
(167)格先年　前年までのきまり。規則。
(168)一向　まったく。少しも。
(169)極候由　決めたとのこと。
(170)木幡次郎右衛門　百五十石。大身の城下士。

之由。

『○』御城下侍・在郷給人申渡之時、目付立合

一、在郷給人無調法筋申渡候節、立合ニ不及御城下侍江申渡候節者、中目付立合格組郡代方申渡候。無調法人江者中目付立合無之筈。此外何レ之廉(かど)(171)ニ而申渡候共、中目付立合候筈。尤、老衆御直ニ被仰渡候無調法人江も右同断。中目付立合也。

『○』在郷給人御科被仰付後無念(ぶねん)(172)

一、下ミハ勿論、在郷給人たり共、御科被仰付候者、跡無念・子共無念無之也。親類無念者勿論御取扱」無之、跡無念・子共無念・親類無念被仰付候ハ、御十八城下侍無調法之時斗御扱有之也。但、在郷給人ニ而も御咎之内御裁許掛居、病死仕候歟、又ハ親無調法筋ニ付子共茂類致候義有之歟、或ハ不蒙(こうむらず)御裁許出奔致候ものゝ子共ハ、跡無念と申ニ者無之、夫ミ之御取扱有之筈。其親無調法軽重ニより子共無念ニ而相済候義有之。又、御咎被仰付候義有之、本人御

(20ウ)

(171)廉　事情。事柄。理由。

(172)無念　過失犯のうちの重過失を意味する語で、縁座(えんざ)のこと。犯罪人の家族・親類縁者の責任まで追究する刑罰制度。

咎十分ニ蒙時者、先ツハ子共ハ御構不被成筈。

『○』御構所江参不苦箇条、并御構御払差別

一、疵を付内郷御構山中へ下人ニ被下候もの、内郷へ主人之使ニ参候儀不苦候。一夜茂泊候義不罷成筈。右のもの宿仕候ハ、無調法可被仰付事。

一、御払と御構と差別有之儀ハ、縦令ハ御城下御払と被仰付候ものハ、御城下ニ居候ハ不罷成候得共、御城下へ通路ハ不苦、滞留（たいりゅう）(173)致候義者一夜茂不相成筈。御城下御構と被仰付候時者、一向御城下江参候儀不相成、都而御払所江者参候而も不苦、御構所江ハ参候儀一切不罷成拮〔筈カ〕。

(21オ)

一、御城下御構と申叓ハ、自分用叓ニ而も一切参候義」不相成。但、主人之供致候歟、又ハ使ニ参候儀不苦。

一、右之処、御払被成候もの自分ニ而参候共不苦。

一、郷村払ハ用事ニ参候而通候事不苦。

一、他所払ハ御当地江参候儀、一切不罷成筈。

一、郷村御払候者、家抱人用叓候而御構所江参候義不苦。申二月二日極ル。

(173)滞留　滞在。宿泊の意。

『○』小身侍無調法之節親類無念

一、小身侍(しょうしんさむらい)(174)御役被召放一通ニ而者、親類無念不及、若御切米(きりまい)(175)之内被召上候とも申時者、親類遠慮御取受御免被成候。百石以上茂被召放一通リニ而ハ親類無念なし。

『○』疵付者之差別

一、疵付者御評定済候ハ、片耳ニ限るへし。耳・鼻と有之時者片耳たるべし。右ニより重く被仰付候時者、御評定席ニ而両耳・鼻と相済筈。但、片耳・鼻之時者窂差紙耳・鼻と認候処、向後(こうご)(176)片耳・鼻と認候筈也。宝暦七丑五月七日、小高町藤之助籠出之時極ル。

(21ウ)

『○』在郷給人町宿中、大小不為取定

」十九

一、在郷給人不届有之、重き叓ニ而町宿ニ居候時ハ大小為取候義、上ゟ被仰付候ハ、、格別中頭・代官心得ニ而為取候儀不相成叓。

(174)小身侍　百石以下の御城下侍。
(175)切米　蔵米・稟米(りんまい)とも言う。下級の家臣に俸禄(給与)として支給された扶持米。春・夏・冬の三季に分けて支給され、春・夏の分は借米と言い、冬の分をさす。
(176)向後　「きょうご」とも読む。この後。以後・今後。

『○』御城下侍出奔立帰、并御城下侍・在郷給人共逼塞申上候時之定

一、御城下侍出奔(しゅっぽん)(177)立帰、外ニ悪事無之候得者山中(さんちゅう)(178)改易也。若、家内なと召連候歟、又ハ外ニ何(なん)そ(ぞ)悪事有之候ハヽ、山中改易と申内、左之四ケ村御構改易ノ筈。

但、右之悪事大罪候ハヽ、其上ニも御科ニより被仰付候叓。

右四ケ村ハ、両飯樋(いいとい)(179)・草野(180)・大倉(181)也。

一、御城下在郷給人共逼塞申上候得者、相慎居、勿論上ゟ茂御差図有之迄者勤仕ハ致居候様御挨拶無之筈也。勤仕ハ致居候様差図ハ遠慮ニ限る也。逼塞申出吟味内御取請迄間有之時者、追而挨拶可致由申達、本人慎居候筈也。

一、逼塞之上ニ何そ御咎筋被仰付候時者、其者ゟ」申上御取受被置候。逼塞御咎被仰付候当日、又者前日御返被成、上ゟ改而逼塞被仰付、其上御科被仰付候也。

(22オ)

右者、御役被召放一通格好(ひととおりかっこう)ニ而も(182)、上ゟ改而逼塞被仰付候筈。

一、逼塞と相成候時者、親類江対面(たいめん)(183)も不仕、書通共ニ不罷成格(184)。門茂片門寄置候筈。勿論上ゟ茂諸御渡方一切御渡不被成格。

(177)出奔　徒士(かち)以上の武士が逃亡して行方をくらますこと。

(178)山中　山中郷のこと。相馬藩内の郷は組と同義。現在の福島県飯舘村を中心に、浪江町・葛尾(かつらお)村・相馬市のあたり。

(179)両飯樋　北飯樋・南飯樋のこと。飯土江とも。現在の飯舘村飯樋。

(180)草野　現在の飯舘村草野。

(181)大倉　現在の飯舘村大倉。

(182)一通格好ニ而も　あらましの様子にても。

(183)対面　顔を合わせること。

(184)格　きまり。規則。

一、逼塞日数左之通。
七日。十日。廿日。三十日。五十日。百日。

右、百日迄者組頭衆吟味ニ而相済、若、其余之無調法御取扱ニ至候程之儀ハ、決断所江も相談之上申上取扱候筈也。
一、逼塞日数五十日。『別記ニ廿五日と有者、本文書損と相見候得共、其儘記し置候。』(朱)御呵と申義、御城下侍ニ者無之候得共、在郷給人ニ者十五日逼塞茂有之。
一、遠慮ハ五日限、七日御取受、在郷給人ニ者例有之候得共、御城下侍遠慮ハ五日限御取受被成候叓。
「二十
(22ウ)
一、御城下侍逼塞ハ七日ゟ内無之、在郷給人ニハ五十日逼塞御取扱有之。御城下ニも跡無念等ニ者五日有之。

『○』御知行被召上方例

一、御知行被召上方、五分一、四分一、三分一、半知抔と被召上、七分一、十分一なとゝ被召上例無之。
但、弐百石之内百五拾石御取上ケ、五拾石御残被下候例有之。熊上伊右衛〔平カ〕

門中目付勤中無調法有之。右之通被仰付候也。

『○』勤仕有侍と遠士と無調法之釣合

一、役人ハ御役被召放一方之無調法也。役人と遠士(えんし)(185)同様之無調法筋有之時者、役目有之方ハ御役被召放、無役之方ハ隠居(いんきょ)(186)抔と被仰付候義も仕義ニより有之。

『○』百石以下知行抔(取脱カ)之子共親之元へ御返被成候者

一、百石以下知行抔之子共、御扶持切米被成下御奉公ニ被召出候もの無調法有之。御扶持切米被召上、親之元江御返被成候もの、外ニ御構も付不申時者袴着用不苦。但、惣領式(そうりょうしき)(187)旱竟(ひっきょう)(188)(畢、以下同ジ)切扶取ニハ、」家督跡式と申義無之、知行取ニ者、遺跡相続之跡式も有之ニ付、袴御構(はかまおかまい)(189)無之也。

(23オ)

『○』江戸御屋敷ゟ出奔者御尋之次第

一、江戸御屋鋪(190)ゟ出奔悪事茂有之。江戸表尋被相出候程之もの者、三御奉行(191)江御届之上ニ御尋被相出候筈。旱竟於御府元(ごふもと)(192)被召捕候義不軽故也。

(185)遠士　現職から職を退いた城下士で、諸役の顧問格。
(186)隠居　隠退すること。
(187)惣領式(惣領職)　家督を相続すべき嗣子。長男子。
(188)旱竟(畢竟)　結局。つまり。
(189)袴御構　御構とは、特定の職につくことを禁ずる刑罰のひとつ。ここでは親の俸禄の相続権。
(190)江戸御屋鋪(敷)　相馬藩江戸屋敷は、外桜田門外(現、千代田区霞が関一丁目)の上屋敷と、麻布(現、港区六本木一～三丁目)の下屋敷があった。
(191)三御奉行　寺社奉行・町奉行・勘定奉行のこと。これらが評定所一座を構成した。
(192)御府元　御府内のこと。町奉行支配に属した江戸区域。

右者、原八左衛門出奔之時、其外寛政二巳之十月白米奉行(193)間宮喜左衛門、　」廿一
此外足軽多祖右衛門清治、同年二月出奔之時右之例也。　」

（白紙）　」　（23ウ）

『〇』無調法申渡方、并親類無念申上候境　（24オ）

一、改易被　仰付候程之無調法人ハ親類江御預ケ之上被仰付候筈也。
一、取次侍江無調法申渡候時者、其取次頭宅江親類・五人組同道(どうどう)(194)ニ而相出、中目付立合、同役両人揃候而申渡候事。同役差合候ハヽ、五人組加り申渡候筈。申渡候段即晩ニ申上候筈。右、申渡書老衆ゟ御渡被成、侍江申渡書者、都而(すべて)会所ニ而ハ認不申。但、会所ニ而扣置候間申渡、後申渡書会所江相達置候叓。中目付立合、老衆ゟ御直ニ中目付江被仰付候義茂有之。直ニ申合候様御差図有之義茂(まま)間ゝ有之(195)。他役之五人組ゟ加り取候ハヽ、是又老衆江申上候而申合候様ニ御指図を受申合候叓。
一、御城下侍出奔、或ハ無調法有之御裁許相済候節、親類無念二回従弟迄ハ、縦無念ニ不及候共、無念申出候様ニ前ゝ御差図有之申上候処、此節諸事御宥(なだめ)メ(196)

(193)白米奉行　殿中御用米掛。定員は二名。
(194)同道　同行すること。
(195)間ゝ有之　「しばしばこれあり」の意。
(196)御宥メ　罪人に寛大な取り扱いをすることの意。

ニ付、遠慮御聞済迄を境申出候様ニ御差図被成。其余者無念ニ不及時者申出 廿二
候様ニ御差図」無之筈。去ル天明三夘年、凶歳(きょうさい)(197)以後右之通相済。

（24ウ）

『○』居竈(198)被盗取候時御扱

一、居竈被盗取候時者、遠慮御取受御免。若、他出之折被盗取候得者、夫迄(それまで)御聞済也。

『○』途中不快ニ而御目見、并御帳御見送を外シ候者御扱

一、節句・式日等不快を押而罷出、途中ゟ不出来出刻致延引　御目見(おめみえ)(199)を外シ候もの、遠慮御取受、早速御免之例也。右同断ニ而御帳(おちょう)(200)を外候者無念も同断。

一、陳(陣)屋詰之内、御発駕御見送、向町升形(むかいちょうますがた)(201)江罷出候筈之処、延引(えんいん)(202)仕候間ニ合不申時、遠慮三日御取受被成候支。

『○』書上支延引、并宿場御呵之支

一、大豆書上ヶ五日位日限ゟ延引差出候もの遠慮御取受、早速御免心得違、翌日

(197)凶歳　農作物の不作の年。ここでは、天明三年(一七八三)の冷害による大飢饉のこと。

(198)居竈　「すえがま」の読みか。湯釜、茶釜のことか。

(199)御目見　謁見すること。

(200)御帳　犯罪者の罪状などを記録した奉行所の帳簿。

(201)向町升形　中村城下の職人町としての総称で、迎町とも記され、上向町・下向町の区分がある。

(202)延引　「えんにん」とも読む。予定が遅れること。

又ハ一両日延引致候もの遠慮、夫迄御聞済。

一、扶持方書上ケ十一月十五日限之処、心得違廿五日限リと心得差出候もの、遠慮三日御取受。

（25オ）

一、於在郷、下ゝ御科ニより宿場江相出、縄付(なわづき)(203)ニ被仰付候」義有之処、是ハ北郷ゟ先斗右宿場江被相出也。宇多郷ニ者宿場縄付と申儀無之、宿場縄付と有之時者、宇多郷者陣屋ニ而縄付之筈也。

『(朱)山中(204)茂同断也。当時者宇多郷山中共ニ於陣屋元と付札(つけふだ)(205)ニ成ル、安政ニ書添。』

『〇』於開帳場、侍江対慮外(りょがい)(206)致候者

一、寛政七夘三月、羽黒権現開帳(207)、殊ニ千本卒都婆(せんぼんそとば)建立・勤行(ごんぎょう)(208)等ニ而男女大勢参詣之処羽黒山之坂中程ニ而、町同身勝右衛門事、志賀武兵衛江手拭を冠り行違候処を同人ゟ改を受、披露ニ相成候処、勝右衛門ハ見受候次第申出、武兵衛ゟ者細道之場所ニ而互ニ面を見候而行逢候間、見それ候申分難相立披露致候由ニ而、武兵衛支配方熊川兵庫ゟ掛合有之、同四月朔日、同人烈〔列〕席ニ而於会

(203)縄付　縄でしばられた罪人のこと。

(204)山中　山中郷のこと。註(178)参照。

(205)付札　下からの仕置伺に、上級の者が下知を記して貼付けた紙。

(206)慮外　無礼・不届き。

(207)羽黒権現開帳　山形県鶴岡市の東方、羽黒山の羽黒権現(出羽神社)は、山伏(修験)の一派として知られ、全国に末寺が建立される。ここでは、鋸匠町(のこぎりかじまち・相馬市、中野)の「日光院」のこと。

(208)勤行　仏前で時を定めて読経や礼拝などをする儀式。

所吟味仕候処、所柄大勢入込之場所共申、殊ニ者在郷市場同様之砌ニ而候得者、侍参詣無用之被仰付迚者無之候得共、面ゝ左様之場江者、自遠慮致心得茂可有之儀、若、信心之事ニ候間、」(25ウ)参詣不致不叶候時者、右之通下ゝ之も廿三のニ見それられ候様ニ而者、改も致悪敷（あしく）候間、侍と見候様ニ仕宜候処ニ、小（しょう）分限（ぶんげん）(209)之者ハ夫迄之儀及兼可申義ニ候間、迚茂下ゝ江入交り候場所江常体（じょうたい）(210)ニ而参候時者、下ゝ茂見それ候道理吟味仕、籠舎ニも不及三日御呵ニ而相済候叓。

『○』大赦被　仰出候節御緩方吟味

一、大赦并御緩（おゆるめ）(211)共ニ被　仰渡後三十日御緩を御掛被成来候処、此度者十二月十五、六日方被仰渡ニ相成候時者、右三十日之内、十二月廿六日御沙汰終之日ゟ正月十六日御沙汰始之日迄廿一日御裁許無之、十七日と相成候得者、三十日を越候而者、御緩無之日限ニ相成候処、右様之節、夫丈ケ（それだけ）御足し日有之候例如何と穿鑿致候処、先年御勘定奉行相勤候鈴木八兵衛扣ニ左之通有之。

一、寛政元酉年、大赦九月廿六日被　仰渡、跡三十日大赦を掛候様被　仰付、十月廿三日迄ニ日限ニ成候処、廿二日・廿三日ハ御精進日ニ而御裁許」(26オ)不相成、

(209)小分限　禄高が低い侍。小身。

(210)常体　状態。普段の通り。

(211)御緩　科人の刑期などを短縮して罪をゆるめること。

尤廿一日迄ニ大形ハ相済候得共、無拠訳ニ而(よんどころなきわけにて)(212)御精進日被掛候分有之候、仍而
廿四日ニ吟味仕、右之訳ニ而一日越候得共、大赦御掛被成候。
右之通相見候処、此度者十二月廿二日被　仰渡候ニ付、正月廿二日迄ニ三十
日ニ成、廿二日ゟ日限を越候処、廿日・廿一日御精進日、廿二日ハ妙見(みょうけん)(213)御縁
日ニ付、廿三日評定吟味有之候ハヽ、御緩御掛可然と御相談有之。

文政十二丑十二月

『○』御城下侍、脇差斗ニ而野原ニ而死去致候者之跡式、并井江入死候
もの同断、并出奔者之子、他家へ養子ニ相成例

一、御城下侍、脇差斗ニ而野原ニ而死去致候もの跡式大病ニ而願願(マヽ)之趣御聞届、跡(あと)
式半知(しきはんち)(214)ニ而相立候例。右者、鉄炮持居候ニ付刀指不申共不苦旨、寿高院(じゅこういん)(215)様
御意(ぎょい)(216)被遊御立被成候事ニ心得被仕候。思召(おぼしめし)之御旨ハ、両刀を欠候而茂得もの
持候ニ付、不苦事之義ニ奉存候。」廿四

(26ウ)

『(朱)此訳

是者、門馬兵右衛門家ニ而脇差壱本ニ而鉄炮打ニ出、雪ニ逢、粟津(あわつ)(217)辺ニ死居候

(212)無拠訳ニ而　やむなきわけにて。しかたなく。

(213)妙見　北極星・北斗七星を神格化した妙見菩薩は、国土を守護して災厄を除く現世利益の神として信仰された。相馬氏は代々妙見を崇拝する。

(214)跡式半知　遺領(知行)の半分を受け継ぐこと。知行・俸禄の削減の意。

(215)寿高院様　藩主、相馬尊胤(たかたね)。明和二年(一七六五)隠居。安永二年(一七七三)卒す。墓は興仁寺(現、大聖寺)。

(216)御意　ご命令。お考え。

(217)粟津　粟津村(現在の相馬市粟津)。

を村目付(むらめつけ)(218)見付候而披露致候ニ付、御評議有之処、脇差斗ニ而者士道ニ欠ケ候ニ付、跡ハ御立難被成御評決ニ而御伺ニ相成候処、　寿高院様御意ニ者今一応吟味仕候様被　仰出、猶御吟味有之候得共、㝡初御伺之通之吟味ニ付、猶又其段被仰付候処、上(マヽ)御意ニ者成程脇差斗ニ而罷出候段、士道ニ欠候様ニ者候得共、刀ニも増り候武器所持仕候上ハ、士道難相立事者有之間敷段、被仰出候ニ付、御尤之御事難有儀と再ひ吟味之上、百石之半知五拾石ニ而跡式被成下候段、兵右衛門家ニ而申伝置候。

此後、鉄炮打ニ出候面々、脇差斗ニ而出居候処、　高峻院様(219)御代ニ相成、御近習勤候面々之内ニ茂鉄炮打候面々有之、弥(いよいよ)(220)不苦義ニ可有之哉之趣相伺候処、鉄炮所持罷出候時者不苦旨御挨拶有之。其後弥脇差斗ニ而出来候段、西内(にしうち)善（27オ）右衛門(221)物語候。尤」其節同人勤掛之由。殊此節ニ至候而茂一本差ニ而出来(しゅったい)候得者、両条共無相違事と相見承伝候。然記置候。乍併(しかしながら)承伝之義、慥成事(たしかなること)(222)江ハ難用哉。此心得可有之事。此条之趣ハ、追而書入書上ニハ不相成事。』

一、谷左内、於江戸表、井戸江入溺死。

右之跡無御相違被相立候事ハ、御使番勤仕之処、御供先ニ而気之毒筋有之、

(218)村目付　郷目付下役郷内諸事取締。給人郷士から選任され、定員は郷内二名。

(219)高峻院様　藩主、相馬恕胤（もろたね）。天明三年（一七八三）隠去。寛政三年（一七九一）卒す。墓は同慶寺（現、小高町）。

(220)弥　「弥々」とも。ますます、いっそう。

(221)西内善右衛門　禄高百石の城下士。西山小路（にしやまこうじ・現、相馬市西山）の武家屋敷に居住。

(222)出来　事がおこること。

此儀ニ迫り、右体不埒之死と相見、此意中不便ニ　思召御馬先打死之儀ニ御順被成、跡無御相違相続被　仰出、難有事ニ申伝、支配扱之格と内〻仕候。

但、海河ニ而自分殺生又ハ楽ミ歴之為溺死体之儀ハ、其時之有様、又ハ兼日之行状(ぎょうじょう)(223)御見聞之場ニ而、御吟味可有之事ニ奉存候。

三保之助事
小倉七郎兵衛
岩次郎事
末永平左衛門

右両人父出奔仕、十五歳ニ成候節可申出被仰付、御沙汰掛之処、三ノ丸稲荷御祭礼之節、太鞁(鼓)打ニ」被相出度被　仰出、三廉吟味仕、　思召を以御目通廿五被　仰出候儀者、御普(譜)代之子共〱御沙汰かゝり居候共、不苦儀と申上、御大赦等無之候得共、三保之助事ハ、十四郎養子ニ相済、岩次郎義ハ、末永家養子ニ相済候。依之(これより)一ト(分)敉(捨)(224)通候へハ、御家中養子他家へ相出候共、御指支(おさしつかえ)無之儀ニ心得罷在候。

(27ウ)

木幡宗兵衛
佐〻木蔵人

右者、出奔之もの子共、他家江養子ニ相成候例。

(223)行状　日々の行ない。品行。
(224)一分敉　ひとり緩し。自身の面目。

一、安永年中之頃、御家中出奔立帰之儀者、親類心得茂可有之儀之段、御聞有之立帰りハ不容易儀ニ相成、其節ハ出奔ものゝ子共他家へ養子ニ相出候儀茂、六ケ敷振合(ふれあい)(225)と相見候処、其後以前之御振合ニ相直リ候事と奉存候。

右者、横死之者跡式并出奔ものゝ子供、他家へ養子等之例、老衆ゟ御尋ニ付書上候書面写。

天保二卯六月

」

『〇』追院之僧御領分ニ難住居例

(28オ)

一、光善寺(226)隠居念明、去寅年致出奔此度立帰、殊住職中、追々不届之事共有之趣被及御聞、尤御所江被差置候而ハ、甚(はなはだ)故障ニ相成候訳柄共有之旁追院(ついいん)(227)被仰付候処、元ゟ追院と被　仰付候僧ハ、御領分ニ住居ハ難相成事ニ可有之候得共、寺を被追払候而已ニ而、御所ニ住居ハ不苦事と、心得違候儀も可有之哉ニ付、以来ハ追院と被仰付候時ハ、御領内ニ難罷在御定ニ被相立、可然と御用番老衆江寺社奉行ゟ申上御取極、其段右念明へ申渡之節達ニ相成候。

年号不明。

(225)六ケ敷振合　難かしき振合と読む。かかわり合いが難かしいということ。

(226)光善寺　浄土真宗本願寺派。現在の相馬市中村、上町に所在。

(227)追院　僧侶に科された刑罰のひとつで、その場から追放し、再び居住する寺院に帰ることを許さない。

『〇』御城下侍並之娘出奔立帰御扱之例

一、御城下侍並(ごじょうかさむらいなみ)(228)、立谷市右衛門娘、先年出奔仕此度立帰、御扱之儀郡代衆ニ而御穿鑿被成候処、先形組頭衆扣ニ左之通有之。

渡部兵治養父渡部忠内夫婦、幼少之娘召連致出奔、此度同人妻娘召連立帰候処、」(28ウ)忠内儀ハ帰不申候。乍去健忘之症(けんぼうのしょう)(229)ニ而言語相分兼、御尋成兼候ニ付、親廿六類見添被仰付置、当分快方無之様子ニ付、親類無油断見回置快相成候ハヽ早速可申出旨被仰付置、一ケ年過、言語相分候程、快気致候由ニ付、親類見回被　仰付候而、御内御相談之上、左之通被仰付候。

渡部兵治
養母

禁足(きんそく)(230)可被仰付処、大赦之砌ニ付縁組御構。

右之例有之ニ付、此度御城下侍並、立谷市右衛門娘立帰候ニ付、先例右之通組頭扣有之ニ付、五日置位ニ容躰三度相尋、療治元ゟ茂容躰申聞候筈。此度茂親類見回し、堅為相慎候様ニ申付、追而(おって)快方之趣申聞候ハヽ、前例之通御

(228)御城下侍並　城下士（府下・ふもと給人）と同じ処遇の在郷給人。

(229)健忘之症　記憶障害のこと。

(230)禁足　外出を禁止すること。

取扱被成候。御見居ニ相済取扱候。披露元、市右衛門義者逼塞十日、外之親類無念無之候。

天保三辰七月

」（29オ）

『○』御家中不行跡等ニ而親類扱ニ致候者、大赦御緩等不掛ニ付御緩方吟味

御家中之内、不行跡（ふぎょうせき）(231)等之者有之節、何分　御上之御苦労ニ不相掛、親類ニ而取扱可申旨、先年御聞有之。其後、追々親類ニ而取扱置候面々茂有之処、御上ゟ御科御扱を受候もの江ハ、大赦御緩共ニ被成御掛候得共、親類扱江ハ大赦御緩不相掛、品ニより生涯廃人と相成、却而迷惑ニ相成候筋、於　御上茂御不本意之儀ニ付、以来ハ親類扱後大赦歟、御緩通り候得ハ、親類ニ而改心之様子見極、伺申出候ハヽ、大赦御緩之当リニハ差緩可然、又ハ御宛介（行、以下同ジ）等差上置候もの、御故障無之分ハ御恵を以、相応之廉江被召仕被下可然候。

右之通相談之上申上、吟味之通相済。

文政十二丑年十二月、万覚八ゟ写。

(231)不行跡　不行状。行ないが悪いこと。

(232)稽古扶持　学問や武芸などの修行の手当てとして与えた切米（扶持米）。
(233)岩城　磐城。現在のいわき市。
(234)代脉　代脈。他の者が代わって診療すること。
(235)与風　風与（不図）。急に・突然などの意。
(236)伊達　伊達藩（仙台藩）の領内。

『〇』稽古扶持（けいこふち）(232)被召上候吟味

三貞養子
新谷通庵

稽古扶持被召上逼塞五日。

(29ウ)右者半井宗玄門弟ニ付御届之上、岩城（いわき）(233)江代脉（だいみゃく）(234)ニ遣候処、戻リ延引ニ付出奔ニも」廿七上可有之哉と、内披露之上尋中立帰、披露之趣戻之節、与風（ふと）(235)逆上（ぎゃくじょう）仕、伊達（だて）(236)江罷越候節、快方ニ而戻候旨披露申出候ニ付、此節吟味之趣、白戸寅之助事出奔内披露中立帰候ニ付、坊主勤被召放御宛介被召上、廿日逼塞被仰付候。右之例ニ候得者稽古扶持被召上、廿日逼塞被仰付可然と申、吟味も有之処、寅之助義者、下ゝ勤ニ而勤仕不仕候得者、御宛介ハ上リ内之品ニ候得共、被召上候御境故、ケ条ニ出候迄之儀左候得者、廿日逼塞御咎ニ相見候。此度通庵事ハ、本御扶持ニ被下置候。稽古扶持を被召上候時者、廿日逼塞ニハ不及筋。仍而跡無念三日御取受可被成処、岩舘伯元内披露中戻候節、御切米被召上、御扶持ハ御残跡無念五日御取受ニ相成候例ニ而五日御取受可然と吟味。尤、通庵事茂御扶持切米(30オ)取ニ候ハヽ、御持（マヽ）ハ残リ候当〔宛〕。尤、弐人扶持茂有之候ハヽ、壱人」扶持残りに当リニ候得共、通庵儀ハ壱人扶持ニ而内上リニ可相成様無之ニ付丸ニ上ル。

『○』酒乱ニ而人を殺候者大赦御掛方吟味

原町
常福寺弟子
正道

酒乱ニ而原釜村(はらがま)(237)座頭(ざとう)(238)三輪都を致切害候ニ付、於籠屋敷斬罪御行可然と評定伺之通　被仰出候処、大赦被　仰出候砌ニ付、赦御加可然哉否、先形致穿鑿候処、天明四辰年三月大赦被　仰出候処、羽州田川郡高坂村(239)善吉と申もの、飯樋村与兵衛養子ニ相成、欠落、所々ニ而人を殺盗并押取(おしとり)(240)等仕、重罪ニ付辰四月朔日、夜通ニ被行候例相見、大赦不被相掛候。人を殺候ものへ赦被相掛候例迚者相見不申候。文政二夘年高平村(たかひら)(241)足軽久右衛門、足軽雅楽之助を杭木ニ而打殺候ニ付、於場所斬罪之評定之処、大赦之砌ニ付、赦御掛可然哉。人命を断候もの大赦之砌たり共、御緩」助命難被仰付評儀(議)達　御聴候処、尤　思廿七下召候得共、別段之以　思召籠腐(かごくだし)被　仰出候。殊　公辺赦被仰出候御触ニ茂仕置ニ障不申分、并逆罪之外、有免(ゆうめん)(242)可相成分差緩可申と有之。三輪都親兄弟茂有之。障候筋も相見旁赦御掛ニ及間敷と相談仕候。以上。

(30ウ)

(237)原釜村　現在の相馬市原釜。
(238)座頭　盲人四官(検校・別当・勾当・座頭)の最下位。剃髪した僧体で、琵琶や三味線を弾いて語り物や按摩などを業としていた者。
(239)高坂村　出羽国田川郡高坂村。現在の山形県鶴岡市高坂。
(240)押取　無理に奪い取ること。
(241)高平村　現在の原町市上高平・下高平。
(242)宥免　大目にみて罪をゆるすこと。

四月

此節致穿鑿候先例左之通。

文政二（十脱カ）丑之下之公事帳ニ大倉村(243)駒吉事、当時友七御裁許之次第。

元寂上立岡之在かい志う村(244)、嘉専坊と申座当之子（頭）ニ而御当所江出入致居、大倉村、友次郎孫聟養子ニ高橋万七取持ニ而相成候処、貧家ニ而同村門三郎ゟ借金之代りニ田畑遣シ置候処、田畑出入ハ取戻候様御触有之節取戻候得共、少之残有之ニ付、相返候様申候得共、苗代地（なわしろち）(245)指支迷惑之由ニ付、代り之地面遣候様談候得共、彼是（かれこれ）と申埒明兼（らちあきかね）候ニ付、其儘ニ仕置候処、先方ニ而ハ追之地面被取戻候を残念ニ存候哉。向不宜相互ニ不和ニ而居候処、同人作りニ而向之山野江からむし(246)を取立置、兼而（かねて）右之内畑を通ひニ仕居候処、右、からむしかへり候而通之障ニ相成、友七持分之畑を通り候ものも有之障ニ相成候付、其訳申捨ニ致、野へ出掛ケ、右からむしを刈捨戻候節、門三郎向へ掛り候処、断（ことわり）もなくからむしを刈捨候段、不届者と門三郎殊之外（ことのほか）立腹致候ニ付、山野へ植置候からむしを刈候迚、左程（さほど）立腹ニも及間敷と存、友七事茂酒機嫌ニ而腹立之上、持居候鎌ニ而伐掛リ、所之江疵を付候を見受、同人子長七立出、軽

（31オ）

(243)大倉村　現在の相馬郡飯舘村大倉。

(244)寂上立岡之在かい志う村　最上楯岡の在、貝塩村。現在の山形県村山市河島（かわしま）。

(245)苗代地　水にひたしておいた籾種（もみだね）をまいて、稲の苗を育てる水田。苗代田。

(246)からむし　「苧」（お・を）。イラクサ科の多年草で、茎の繊維を織物などに用いる。

杭を以打掛リ候処を鎌ニ而仕合、是亦(これまた)疵付候処、鎌被打折難叶迯去(にげさり)(逃、以下同ジ)(247)帰宅致、
翌廿三日出奔、伊達江参、手間稼(てまかせぎ)(248)等仕居、折〻御領内江忍参(しのびまいり)、御山村ゟ八方
ニ而酒を呑居候処、元之妻、男と道連通候ニ付不届之儀と存、訳も不相糺(あいたださず)棒
ニ而打候不届ものニ付、被召捕吟味を詰候処、酒機嫌とハ乍申、立腹之余、
妻之母之夫長七并」門三郎を鎌ニ而数ケ所疵を為負、右之疵癒兼(いやしかね)、長七三十廿八
日程過死去致候上者、人殺ニ相当リ、殊不蒙御裁許出奔仕、忍ニ参居、理不
尽ニ元之妻を棒ニ而打候義、重〻不届至極ニ付、於化厳平(けごんだいら)(249)斬罪ニ行、可然と
一同仕、此旨達御聴、文政十二丑五月廿六日、右伺相済、評定之通可申付候
処、御差合有之延居候内。

(31ウ)

両殿様(250)　思召之御旨被為有、此度科人御緩被　仰出候ニ付、駒吉御緩方吟味
被仰付候処、大罪、殊殺候者之子存生ニ而、仇持之相手茂有之候得者、御緩
御掛不被成、評定之通御行可然旨申上候処、吟味之趣者、尤ニ候得共、別段
之　思召を以、一命御助被成、籠腐(かごくだし)(251)被　仰付候旨被　仰出、其段申付候、尤
後例ニ者相用申間敷旨被仰付。

一、安永三午年、羽倉村(はのくら)(252)友右衛門御城下引渡、於化厳平斬罪ニ行、可然評定達

(247)迯去　逃げ去る。のがれる。
(248)手間稼　費やされる労力の報酬。手間取り(手間賃)。
(249)化厳平　相馬藩の刑場のひとつ。宇多郡赤木村松ケ沢(現・相馬市赤木)。
(250)両殿様　相馬樹胤(むらたね)・益胤(ますたね)。
(251)籠腐　「かご」は牢屋、「くだし」は腐らすの意で、終身、牢に監禁されること。永牢。
(252)羽倉村　現在の相馬郡小高(おだか)町羽倉。

御聞候処、一方軽申付候様被　仰出、密通（みっつう）(253)之上女を殺候事ニ候得者、命御助被成候事難成候間、一方御緩於籠屋敷」（32オ）斬罪被　仰付、可然と遂相談申上候処、吟味之通申付候様被　仰出候処、御法事有之ニ付、被行候義相延居候内、大赦被　仰出候処、赦を御掛被成可然哉。再吟味被仰付候ニ付、致吟味候処、前段之通候得者、赦御掛難被成候間、籠屋敷ニ而斬罪ニ行可然旨達　御聴候処、吟味ハ尤ニ　思召候得共、一命助候様被　仰出、以　思召籠腐ニ被　仰付。

右者、渡部次郎左衛門妻と度ゝ密通仕、死可申と申合、女を切殺候ニ付（以下脱カ）。

『〇』御祭礼之節、并御法事月死罪御取行之義伺済

一、御神事前、御野馬追前、八月十五日前、死罪不可行。

一、御法事月者、御遠忌(254)たり共、右同断。

前書之通壁書之右同断ハ、前日斗之事之様ニも相見、又者死罪不可行之、右同断之様ニも相見江、聢（しか）(255)と分リ兼候ニ付、此度老衆御相談之上、左之通　両殿様(256)江御伺相済候。

(253)密通　道義に反して、男女が密かに関係を持つこと。

(254)御遠忌　死者の命日。回忌。

(255)聢と　はっきりと。充分に。

(256)両殿様　ここでは相馬益胤・充胤（みちたね・天保六年〈一八三五〉に藩主となる）。

一、御代ニ被為附候。」廿九

殿様・奥様、并御嫡子様御法事御執行過ニ而も死罪御行無之、其余之　御方ゝ様御法事、右過候ハヽ、死罪御行不苦旨被　仰出候也。

天保八酉二月

（32ウ）」

『〇』十五歳以下御仕置

南幾世橋（きよはし）(257)村出生

無宿

栄治　午二十四歳

（33オ）

口書公事帳ニ有之ニ付略ス。

右、子傅りを致居、二歳之男子を海江投込殺候ニ付、御咎之次第穿鑿致候処、左之通。

『〇』公儀御定書之内十五歳以下御仕置之叓

一、子心ニ而無弁（わきまえなく）人を殺候ハヽ、十五歳迄親類江預ケ置、遠嶋（えんとう）(258)。

(257)南幾世橋村　現在の双葉郡浪江（なみえ）町幾世橋。

(258)遠嶋（遠島）　刑罰のひとつで、主に博奕打ち、女犯の僧。誤って殺人を犯した者を遠方の島へ送ること。追放より重く、死罪より軽い。流罪・島流し。

一、同火を附候もの、遠嶋。

『○』公儀御裁許先例

一、文化五辰年三月、盗賊御改大森弥左衛門様[*1]於御宅、引合之もの一統御呼出、
左之通被仰渡。

芝田町六丁目
仕立屋平八召仕
次郎吉 辰十四歳

」三十

（33ウ）

此者儀、二月十二日、同町紙屋甚助宅江致附火候付、翌十三日召捕及吟味候処、次郎吉儀兼々物覚不宜、家業等之儀一向覚不申候ニ付、平八夫婦折々叱り候間難被遂居、其上去ル寅年、平八宅類焼之砌、次郎吉儀宿元江遣置候節、心儘ニ出歩行候間、此度茂平八宅類焼致候ハヽ、亦々宿へ帰り可申と与風心附、隣家甚助宅北之方屋根江附火致候義、意趣意（遣か）恨等、又ハ人々罷頼ム事ニ而ハ、決而無之趣及白状候段、重々不届至極ニ付、火罪可申付者ニ候得共、十五歳以下ニ付、遠嶋申付候。尤、十五歳迄請人高輪台町弥七方へ預ケ申候。

一、文化九申年八月三日、火附盗賊改松浦大膳様御掛り[*2]ニ而、左之通落着。

武州川崎宿
旅籠屋(はたごや)(259)吉兵衛抱
飯売女(めしうりおんな)(260)
すて
申十四歳

此者儀、子細有之。附火致候ニ付火罪(死)ニ可被仰付、十五歳迄兄由五郎江御預ケニ相成候。

(34オ)

大久保加賀守(注315参照)領分
相州小田原宿山角町(やまかく)(261)
家持長右衛門方ニ同居、
罷在候兄由五郎煩ニ付代
預リ人　右、長右衛門

右、すて儀、去ル申十二月欠落致候ニ付、其段宿役人一同松浦様御役所江御訴申候処、日限尋被　仰付候。追々日延之上不尋出段不埒ニ付、過料三貫文被仰付、永尋被　仰付候旨届出候。

(259)旅籠屋　宿場で一般の旅行客や武士が食事をし、宿泊する施設。
(260)飯売女　飯盛女(めしもりおんな)ともいう。宿駅の旅籠(はたご)で食事の世話をする女性。時には売春もした。
(261)山角町　現在の神奈川県小田原市。

右者、宸初由五郎江御預ケニ相成候節、松浦様ゟ御達茂無之候ニ付、すて欠落致候節、此方ゟ御届等不致候ニ付、此度茂御届不致候。

一、宸初御仕置被　仰付候節、領主家来へ御達有之儀者、御預リ者病死、又ハ欠落致候節者、掛リ御奉行所江御届申達候筋ニ可有之候得共、すて御預ケニ相成候節、一向御達茂無之ニ付、万一此者自分子細有候節、此方ゟ者、別段御届不申達候」心得ニ罷在候段、去ル申年、為念松浦様与力(よりき)(262)江申達候処、其心三十一得ニ而宜鋪と（以下脱カ）。

但、是ハ火附盗賊方之取扱相違有之候事。

（34ウ）

『〇』御当家

一、天明四辰二月、小人鴨左衛門子辰次郎、十五歳以下ニ而小使(こづかい)(263)勤居、会所ゟ金子盗取候ニ付被召捕、入籠被　仰付置候処、病気ニ而籠死仕、御裁許無之故御当家ニ十五歳以下ニ付、重科御取行被成候例無御座候。乍去両親大科等ニ而其子御科ニ可被仰付処、十五歳以下ニ候得者、十五歳ニ相成候之節、申出候様御差図ニ相成居候先例ニ御座候。

（262）与力　同心（同身）を指揮し、庶務を司る役職。ここでは火付盗賊改方の松浦大膳に属する与力。

（263）小使　小夫とも。雑用に従事する者。

周礼(しゅらい)(264)ニ

三宥三赦

壱宥曰、不識再宥曰、過失三宥曰遺忘。

鄭司農云、不識謂愚民無所識、則宥之、過失若今律令過失、殺人不坐(座、以下同ジ)死玄謂識審也、不審若今仇讐、」当報甲見乙誠以為甲而殺之者過失、若挙刃欲研伐而軼中人者遺忘若間帷薄忘者在焉、而以兵矢投射之忘音妄中丁仲反間間厠之間射食亦反。

壱赦曰幼弱再赦曰、老旄三赦曰、惷愚。

惷愚生而癡騃童昏者鄭司農云、幼弱老旄若今律令年未満八歳八十以上非手殺人他皆不坐〇耄本作旄惷勅江反騃五駭反上時掌反。

(35オ)

一、下〻ハ前広御伺入不申候得共、格別之義、殊先例も無之ニ付御伺被成候処、評定相掛候様被仰出、天保六未六月二日評定之処、籠腐と於場所斬罪と了簡両様ニ而種〻評議之処、縦令十五歳以下ニ而茂、悉く大人之所業ニ当リ候時者、一命御助ケ難被成筋と、吟味茂有之候得共、一躰聊(いったい)(いささか)之品(265)を目掛小児を殺、又ハ右品取」候共殺不申、小児ハ捨置候而茂可相済義、尤纔(僅)一里程迯去。蒲庭(かばにわ)(246)三十二

(35ウ)

(264)周礼　中国の経書。十三経のひとつで、六編、三百六十官。理想国家の行政組織の細目規定を詳説。

(265)一躰聊之品　総じてわずかの身分・地位という意。

(266)蒲庭　蒲庭村。現在の相馬市蒲庭。

ニ手伝居候段、子心ニ相違無之儀と評義ニ而籠腐と相決御伺相済。」

『○』御仕置者(おしおきもの)(267)有之時之覚　(36オ)

一、死罪之者引廻し道筋(ひきまわし)(268)

籠屋鋪門前ニ而罪人を馬ニ乗セ、鉄炮張町ゟ大町を引上、大手先、会所町、堀川町、新馬場、鷹巣を引上、柏葉町を引下ケ、上向町を引下シ升形江出ル。

一、文政元寅年九月三日、宇田川町政五郎死罪ニ被行候節、引廻し評定同町を肆(さらす)、大手先、会所町、堀川町、新馬場、鷹巣を上り、柏葉町を引下ケ、上向町を下り升形へ出ル。

夜通者(よどおしもの)(269)有之節、左之通。

一、額塚之源蔵夜通之節。

歩夫三人可被相出也。

是者夜通者十三人有之時。

未

六月廿六日　勘定奉行

中村ゟ化厳平迄。」三十三

(267)御仕置者　処罰、処分される者。

(268)引廻し道筋　死罪以上の重罪に付加した刑で、処刑の執行前に罪状を記した捨札を掲げ、罪人を馬上に縛り、公衆に示して御城下(府内)または犯罪地を引廻して処刑場に向かう道程で、ここでは、籠屋敷より鉄炮張(てっぽうはり)町(「銃工町」のこと。現、相馬市中村、宇田川町)、大(おお)町(現、大町)から、大手先(おおてさき・現、相馬市中村、大手先)、会所(かいしょ)町(「町奉行所」が設置。現、大手先)、堀川町(「堀河町」。現、大手先)、新馬場(現、相馬市西山)、鷹巣(たかのす・現、西山)、柏葉(かしやつば)町(現、相馬市中村、川原町)、上向(かみむかい)町(現、相馬市中野、北反(きたそり)町)を通って升形(ますがた・浜街道の中村城下南出入口)に至る道程。なお、城下引廻しは大衆への見せしめと同時に、この世の見おさめとしての意もあった。

(269)夜通者　夜を徹しての処分・処罰の意。ここでは死罪の者の夜の引廻し。

（36ウ）

一、立谷（たちや）ゟ穴掘人足（あなほりにんそく）(270)弐人相出ス。是ハ此方共ゟ代官衆へ断候筈ニ候処、相分リ兼、今度ハ此方共ゟ、直ニ立谷村肝入(271)江断申遣、間（ま）ニ合（あい）候也。

右之処、追（おって）而宇田郷代官、半野八十右衛門江先例承合、左之通。

於化厳平ニ御仕置者、并夜通籠屋ニ而斬罪者（ざんざいしゃ）(272)有之節。

罪人壱人ニ付人足弐人ツヽ、穴掘・明松（たいまつ）(273)持共ニ。

但、夜通ハ馬ニ不乗。

右御勘定奉行ゟ代官江断、立谷村へ申付相出候之由。但シ弐人出候得共、四人ニ立候由、八十右衛門被申聞候。以後、右之通首尾可致事。

一、籠出御指紙壱枚。

申渡書　巻紙（まきがみ）(274)へ認。

其方事、久々御領内江致徘徊（はいかい）不立廻之上、桜井村（さくらいむら）(275)幸八方江夜中盗ニ入、強勢成致シ方無調法至極候。依之夜通ニ行もの也。

六月

（37オ）

一、咎人壱人ニ付歩夫弐人、縄取（なわとり）(276)、釣灯（ちょうちん）(277)持共ニ。

一、欠所ゟ銭百文同身請取ル。

(270)穴掘人足　罪人の屍を埋める穴を掘る者。

(271)立谷村肝入　肝煎。註(91)参照。現在の相馬市立谷。

(272)斬罪者　刑罰の一つで、士分以上に科せられた打ち首をいう。

(273)明松　松明。竹や葦（あし）などを束ねて火をともし、照明に用いるもの。

(274)巻紙　半切紙を横に継ぎ合わせて巻いたもの。

(275)桜井村　現在の原町市桜井町。

(276)縄取　罪人をしばった縄の端を持つ者。

(277)釣灯　提灯。註(150)参照。灯火具の一つ。

一、相済候届、同身ゟ御勘定奉行江届ル。
右之通、町同身頭を呼出、三通相渡、今晩夜通之次第、於会所申付ル。

町同身ハ町奉行衆江常断ニ而此方ゟ直ニ申付ル。

磔掛(はりつけ)(278)候者有之時、左之通。

歩夫五人、
伝馬(てんま)(279)壱疋、　可被相出也。『(朱)内壱人鑓持(やりもち)　同弐人科人付。

同壱人札持　同壱人同身付。』

是者、誰死罪ニ成候時。

何ノ
何月何日　勘定奉行印
中村町化厳平迄。

此指紙、検断江直ニ達ス。
一、前日、町同身頭呼出申付、町奉行江も為心得相達候。
町同身三人
内壱人、歩夫召連、先江罷越シ候。
大工壱人、常小屋江断、杭木拵(くいきこしらえ)(280)。
釘、諸道具ハ先キゟ(さきより)持参、此方ニ而構なし。

三十四
(37ウ)

(278)磔　刑罰のひとつ。罪人を罪木(ざいき)にしばり、槍で突き殺す刑。
(279)伝馬　街道の宿駅で公用に供した乗りつぎ用の馬。
(280)杭木拵　杭に用いる材木をあらかじめ作ること。

札壱枚、同所江断、会所江被寄、公事帳方ニ而認、同所ゟ町同身頭へ相渡ス。

何村

誰

此者、夜中人家江忍ひ、馬を盗出し売払候科によつて、如斯行ふもの也。

何月何日　大概仮名に書也。

先年者、磔に行ふもの也と有之候得共、其形を顕し候ニ付、磔と書ニ不及、旧例有之。

但、火罪ハ早速形なく成候ニ付、火あぶりと書へし。

右之通、会所十三之日記ニ有之。

外人足五人、諸道具持、縄弐房。

右宇田郷代官江断、立谷村ゟ出候由、杭木取夫、宵日可出代官江断、肝煎江申付、村目付江達シ伐取、化厳平江被置候由、前之人足と一同ニ断。

一、非人頭(ひにんかしら)(281)馬場野村伴蔵江ハ町同身頭ゟ申付、会所構なし。

一、死罪奉行(しざいぶぎょう)(282)　弐百石ゟ上御貸人なし。百石・百五拾石迄壱人御かし人。」(38オ)

乗馬ハ組頭ゟ御用人衆江被相達、御馬屋ゟ出ル。会所構なし。

(281)非人頭　身分制のもとで、士農工商の下に置かれた穢多(えた)の下が非人と呼ばれた。非人頭はその長(おさ)。

(282)死罪奉行　死罪は、平民(農工商)に与えられた斬首刑のひとつで、付加刑として闕所(本人の財産没収)が付け加えられる。ここでは二百石以下、百石以上の者を臨時に任命(兼務ヵ)したのか。

一、籠出指紙并申渡書ハ、死罪奉行宵日会所江出請取。
(朱)『但、請取と有之候得者、唯請取候様ニも聞へ候得共、籠出御指紙ハ死罪奉
行首尾ニ而取之、会所ニ而構なし。
一、御改正以来、都而御かし人ニ成候ニ付、左之通と有之書入なし。

一、死罪奉行渡方、文化十四丑御改正ゟ、左之通。
金壱分　　闕所ゟ被下。
外弐朱、物成之内ゟ引越渡リ。
古書ゟ
一、御城下侍切腹・斬罪之時、検使中目付・御使番。
但、於場所御仕置被成候時者、百石以上之給人ゟ弐人。尤、三百石ゟ不被
相出筈。
(38ウ)
一、在郷給人切腹・斬罪之時、其取次之中頭并御」近習目付立合、若郡代組中目三十五
付支配等ニ候ハヽ、先官之中頭勤之、立合右同断。
但、場所ニ而御仕置被成候ハヽ、御城下給人ゟ勤之。
一、下々籠屋ニ而斬罪之時、検使御徒士目付。

一、下〻疵付、検使御徒士目付也。御城下侍切腹・斬罪之時者、中目付・御使番検使也。於場所御仕置被成候者ハ、御城下侍・在郷給人・下〻ニ至迄、検使御城下百石以上之給人ゟ被相出。

但、死罪奉行ハ二百石・百五拾石取江被仰付候筈。右之高ニ無之時、百石取被仰付、若百石取ニ無之時者、弐百五拾石取ゟ被仰付候筈。是ニも無之時、番頭番末と右之順ニ被仰付候筈。三百石以上ハ死罪奉行御除被成候筈也。

附(つけたり)(283)、御城下侍場所ニ而御仕置之時ハ、検使両人也。在郷給人於籠屋敷切腹・斬罪被行候時者、其取次之中頭ゟ検使相勤ル筈。郡代組中目付支配抔之給人ニ候ハヽ、中頭先官ゟ相勤ル筈。立合中小姓目付勤之。」

(39オ)

一、下〻場所ニ而死罪之時、御城下給人相勤筈。』

右、御仕置もの無滞首尾致候趣者、町同身頭ゟ勘定奉行江届申聞、郡代衆江申上置。

寛政三亥六月廿七日、飯樋村伊八掛り候時之先例也。

大坪村(おおつぼむら)(284)

(283)附　本文に補足すること。

(284)大坪村　現在の相馬市大坪。

安右衛門

此者、夜中人家江忍入、馬を盗出売払候ニ付、如斯行ふもの也。

五月十六日

宇多川町

政五郎

此者、所〻江忍入致盗賊候科によつて引廻之上、斬罪ニ行ものも也。

九月十三日

無宿

円之助

(39ウ)

此者、喧嘩(けんか)之上相手を殺害いたし候科によつて、」斬罪に行ふもの也。　三十六

九月十三日

右弐人御仕置ニ付、穴掘人足弐人、同月五日化厳平江相出候様、宇多郷吟味役江達ス。

右之節

伝馬弐疋。　科人乗馬。

歩夫八人。　可被相出也。『(朱)内四人科人付、同弐人札持。同弐人、同身と先ニ詰ル。』

右、文政元寅九月三日、御仕置者扣也。

一、享保十八丑年九月十六日、死罪之者有之時。

飯樋村

志賀幸右衛門家抱

磔　三之助

小浜村(こばま)(285)

斬罪　助三郎

一、歩夫八人。　伝馬弐疋。

右、指紙勘定奉行出ス。

一、大工壱人。　釘持参。　高札(こうさつ)(286)壱枚。

常小屋へ申遣し、十六日明六ツ時(あけむっとき)(287)過、場所へ参候様申遣。」

(40オ)

一、材木伐人足四人、細木弐本、柱壱本、縄五房。

代官、星茂左衛門江申遣ス。

一、町同身五人、内弐人斬罪之者へ付、同三人磔へ付、内壱人材木指図。

(285)小浜村　現在の原町市小浜。

(286)高札　ここでは捨札(すてふだ)のこと。罪人の処刑に際し、氏名・年齢・罪状などを記して路上に立て、刑の執行後も三十日間は立てて置いた。

(287)明六ツ時　現在の午前六時頃。

札案文

飯樋村
三之助

此もの諸所ニ而盗いたし、其上他領江欠落、又ゝ立帰、大罪成義致候ニ付、如斯行ふもの也。

九月

右之通、門馬平八被仰付。

一、文政十二丑年、大倉村友七死罪ニ被行候節、左之通。

捨札

大倉村
友七

此者、同村門三郎父子江理不尽ニ鎌にて疵を為負、癒兼(いやしかね)死去致候ニ付、死罪に行(ふ脱)もの也。

六月三日

（40ウ）
一、前ニ見候通御仕置者有之節、人足立谷村ゟ相出来候処、訳茂(わけ)不相知悼(いたみ)(288)ニ成候」三十七

(288)悼　さしつかえること。

ニ付、町在郷之者御仕置之節者、人足并札持歩夫ハ其村ゟ、町之者ハ町ゟ為相出可然と相決ス。又者他所者等出所無之節者、是迄之通、立谷村ゟ為相出可申候。

一、右之節

伝馬壱疋。　科人乗馬。

歩夫弐人。　(朱)『内壱人同身江付先へ参、同壱人非人付。』

右者当町江指紙出ス。

人足三人。　大倉村ゟ出ス。

(朱)『内壱人札持、同壱人穴掘埋、同壱人非人付。

右之通、居村ゟ人足相出候事ニ相直候処、咎人評定済、遠郷迄申遣候而、間ニ合不申儀も有之。又御日柄、其外御差支有之。急ニ御仕置ニ相成候時、山中・両標葉郷なとへ申遣、間ニ合不申義有之。御相談直ニ而以前之通、立谷村ゟ相出候叓ニ追々相直り、立谷村ゟ人足」相出候事ニ相成候儀者、先年御仕置場石積(いしづみ)[289]ニ而、夜分通行之節、迷惑致候儀茂有之。人足ハ相勤候間、御仕置場化厳平江御替被成下候様、立谷村ゟ願ニ而御仕置場化厳平江相成候以来、

(41オ)

(289)石積　相馬藩の刑場のひとつ。宇多郡日下石(にっけし)村高根沢。現在の相馬市日下石。延宝期まで相馬藩の仕置場とされた。当地には、石積地蔵尊が建立されている。

立谷ゟ人足相出候由申伝候儀有之。又、立谷町ニ而者店ニ而小商ひ(こあきない)(290)仕候ニ付、人足勤候と申義茂有之。聢と不致候得共、御仕置場近間ゟ人足出候得者、万端都合茂宜敷、火急(かきゅう)(291)之時も指支(さしつかえ)無之間、立谷村ゟ人足相出候訳ケ歟穿鑿届兼候叓。

但、近間ニ而自由能故相出候と申儀ハ、此節之案ニ而、全場所を替候為メ、人足勤候と申儀ハ、追〻衆人承伝候事ニ而、此説実事ニ可有之候。且、小商ひ致候ニ付相勤候と申義、信用難致、至而稀成(いたってまれなり)。御仕置之節、人足相勤候ゟ外ニ可相勤廉も可有之義、尤往古者右様之義嫌ひ不申哉。此節之人情抔ニ而者不相願勤向と相見候。又近間ニ」候之迚、諸人嫌ひ候。人足を立 三十八
谷江斗当テ候義茂有間鋪事ニ而、是以信用難致事ニ候。何れも古来ゟ相出来候事ニ付、容易ニ相直候而者、右之如く礑と(はた)(292)指支候義有之候間、古来之通ニ相出候義可然事。』

(41ウ)

「(貼紙)一、在郷給人家扒(やさがし)(293)之儀、天保十三寅年、磯部(いそべ)(294)村扒候節、支配〱江御沙汰無之扒方被仰付之処、其後文久元酉年には、屋捜(やさがし)(295)多く案紙の不正有之。給人迄家扒之時、中頭江も御首尾有之処、元来給家扒候儀ハ旧来無之、家扒之名目ニ而

(290)小商ひ　小さな店構えで商売をすること。
(291)火急　事態がさし迫っていること。
(292)礑と　急に。突然。
(293)家扒　家探・家捜。家の中を残らず捜し回ること。
(294)磯部村　現在の相馬市磯部。
(295)屋捜　註(293)と同じ。

ハ故障有之ニ付、改メと名ヲ替扒候儀ハ故障無之趣ニ而、其通ニ中頭ゟ給人方江御達之上扒候事。」

」(42オ)

『○』在々被盗物有之時、屋捜之次第

一、在々被盗物有之時者、早々申出郡代衆江申上、御差図之上、屋捜致候筈ニ候。併、宝暦年中被仰付候ハ、次第ニ寄、急ニ手代(てだい)(296)取斗ニ而屋捜申付、其段代官江申出候様ニ可仕段被仰付置候。尤、屋扒相済候節茂否之義申出候。其後天明三夘凶作之頃茂、右之通ニ仰付有之由。此度新山(しんざん)町冨沢庄右衛門(297)、品々被盗取候ニ付、在郷ニ而直ニ屋捜申付、其段代官江申出候ニ付、右吟味有之候事。

寛政十二申六月」三十九

(42ウ)

（白紙）」

(43オ)

『○』家捜

一、大井兵馬、夜中刀一腰・単物一枚・帯一筋被盗取候ニ付、家捜。

一、御徒士目付、郡代衆ゟ御用人衆江御首尾被成。

(296)手代　郡代・代官に属し、年貢の徴収や取締りなど民政事務を司る役人。

(297)新山町冨沢庄右衛門　現在の双葉（ふたば）郡双葉町新山。冨沢庄右衛門は二十石の郷士。

一、町同身ハ頭呼出同役ゟ申付、但町奉行衆江ハ常断ニ付。

一、捜場左之通。

目迫仁平ゟ下、新谷十右衛門ゟ下。

右者御勘定奉行相談ニ而極ル。

家守之家不残、召仕之ものゝ品見届候支。

『右(朱)、捜場之義者、其時之模様ニも寄取極候事ニ而、何と床敷(ゆかしき)(298)義等も有之候得者、本文之当リゟ遠所迄払候義も有之。又遠方へ散リ候品ゝも無之候得者、近間斗払候義も有之、品ニ寄模様ニ寄取極候ニ付、兼而極難置候(きめおきがたく)。近年者、下ゝ居信し候場所も有之ニ付、本文失ものゝ当ニ而も泉田町(いずみだ)(299)、北小人町(きたこびと)(300)百姓家等払候義も有之候。何れも先年之当ゟ少ゝ入御念候方、近頃之振合(ふれあい)(301)ニ候事。』」四十

安政二之頃

(43ウ)

(白紙)」

(44オ)

『○』在郷給人御知行被召上家御取上定

一、知行取并除地(よけち)(302)江家作致置候分家御取上入札払(にゅうさつばらい)(303)之事。

(298)床敷　知りたい。なつかしい。

(299)泉田町　現在の相馬市中村二丁目。

(300)北小人町　現在の相馬市中村新町。

(301)振合　状況。ありさま。

(302)除地　年貢諸役を免除された土地のこと。寺社の境内や無年貢の田畑・屋敷地など。

(303)入札払　入札によって売り払うこと。いれふだ。

但、子供持、是迄之知行并抱目手作仕候ニ付願候ハヽ、其家御貸被下候先例。

一、御蔵地江家作致候分ハ御取上不被成叓。

右、先年ゟ御取扱有之候処、代官覚書ニ茂無之ニ付、今度改而扣置候段、木(こ)幡(わた)連ゟ伝候由。

一、古発給人(こはっきゅうにん)[304]欠落并格式御外被成候もの、御朱印為煩之鑓御取上之筈。新発御家老衆御指紙上候筈。

右、天明七未年二月八日支配〱江被仰付、尤時〻ニ者不被仰付候叓。

但、除地と有之者、古発給人ニ限リ居屋敷之事也。中切(なかぎり)[305]者居屋敷なし、山屋敷被下候事。

中切・新発(しんぱち)[306]ハ知行所地面へ家作致居候故也。或曰、中切給人ニ而茂山家筋之面〻ハ、多分屋敷有之由。尤、野帳ニ上屋鋪・」中屋敷・下屋鋪、何之四十一誰と有之。

(44ウ)

」

『〇』道中駕人足定之儀、御道中奉行(どうちゅう)[307]井上美濃守様江御留守居(るすい)[308]ゟ伺御

(45オ)

[304]古発給人　古給人・本地給人とも言われる。藩主利胤の元和三年(一六一七)、役金免除の強訴で五三八人が知行召上となるが、その時調印せず訴訟に加わった者も減禄処分を受けた。万治元年(一六五八)藩主忠胤は、勲功のあった減禄の者の子孫三〇一人に鑓一本と采地の朱印を与え給人に列した。この三〇一名が古給人と後に称される。

[305]中切　中切給人のこと。元和の強訴で追放され、百姓・町人となった五八三人の子孫に対して、新地開墾の届高にて采禄の印証が忠胤の時に下された給人。

[306]新発　新発地給人・郷士とも称する。同じく元和の強訴で追放の子孫が、正徳元年(一七一一)以後、献金などによって召立てられた者。

[307]御道中奉行　幕府の職名。諸国街道の宿駅の伝馬や、宿場の旅籠など、道中筋の全てを司る役職。

[308]御留守居　幕府の職名の一つ。老中の支配に属し、大奥の取締りや将軍不在の折の城中警備などと職掌は広い。定員は五名。

附札、左之通

本棒駕(309)　人足四人。

溝付引戸駕(310)　人足三人。

丸棒駕(311)　人足弐人。

駕人足之儀、右之通之御定ニ可有之哉。此段奉伺候。以上。

相馬――家来

木幡甚五左衛門*3

閏八月十八日

（朱）『御付札

乗物壱挺　人足六人掛リ。

但、書面ニ本棒駕と申ハ、御定ニ無之乗物之儀と相心得、及御挨拶候。

山乗物壱挺　人足四人掛リ。

但、同断。溝付引戸駕と申ハ、御定ニ無之山乗物と相心得、及御挨拶候。

丸棒ニ而茂」引戸駕篭ニ候得者、本文同断。

（45ウ）　四十二

右之通ニ候、尤宿駕籠自分駕籠ニ而茂、四手あほり駕（よつであおりかご）(312)ニ候得者、人足弐人掛ニ而候。』

(309)本棒駕　駕は乗る人の家格・職種・場所などによって多くの種類があり、武家・公家・僧侶が乗るのは駕と言わず乗物と言われた。ここでは、駕をかつぐ者が四人とあるので上位者の乗物を指す。

(310)溝付引戸駕　主に医者が往診に行く時の乗物とされた。

(311)丸棒駕　山駕籠のこと。竹で編み、底は円形、屋根を網代（あじろ）にして垂れがなく、丸棒や竹などを釣り手とした。

(312)四手あほり駕　四つ手駕籠のこと。庶民が辻駕籠に常用した。四隅を四本の竹で柱とし、割竹を編んで作り、乗入口に垂れ（あおり）を付けた粗末な駕籠。

右之通、御附札添。

『○』無宿者御仕置之儀、享和三亥年九月廿八日、寺社御奉行脇坂淡
路守様(313)江左之通被相伺、十二月廿五日御附札済

領分中ニ而無宿盗賊召捕候節、他領引合等無之、領分限之義ニ御座候得共、
以前者御用番御老中様江不及伺、年限仕置申付候事ニ御座候。右者無宿者ニ
而他領引合等無之、領分限之義ニ御座候ハヽ、不及相伺取計候而茂不苦儀ニ
御座候哉。兼而心得仕度此段奉伺候。以上。

内藤豊前守(314)家来

九月廿八日

酒井弥三右衛門

『(朱)御附札

書面他所引合無之、無宿者ハ元禄年中、万石以上江御触有之趣有之候間、
不届之」次第(三字分アキ)不及御伺仕置御申付、不苦儀と存候。

亥十二月

』

(46オ)

(313)脇坂淡路守　中務大輔。名は安董(やすただ)。播磨竜野藩、五万一千石。

(314)内藤豊前守　名は信敦(のぶあつ)。越後村上藩、五万石。

『○』文化七年四月三日、寺社御奉行大久保安芸守[315]様江左之趣相伺、
御附札相済候由
領分之寺院御境内、博奕有之段、證據（しょうこ）慥（たしか）[316]ニ御座候ハヽ、廻リ之者踏込（ふみこみ）[317]、夫〻召捕候而茂不苦筋御座候哉。住職茂縦令（たとえ）不存迚茂咎と付候程之義ニ付、御朱印地並寺之無差別、先ツ住持呼出、吟味仕候筋ニ可有御座候哉。兼而心得被在度、此段奉伺候。以上。

阿部駿河守[318]家来
四月三日　東条三四郎

御附札
書面御領分寺院ニおゐて博奕有之候ハヽ、廻リ之者踏込召捕不苦候。右ニ付、其寺之住持呼出相糺候義ハ、御朱印地之差別ハ無之事ニ候。尤糺之上、一件之内他領之者も加候ハヽ、寛政六年御触之趣を以取斗候方と存候。

」四十三

『○』寛政四子年二月廿五日、寺社御奉行松平右京亮[319]様江左之趣差出、
同壬二月十三日御附札相済候由

(315)大久保安芸守　加賀守・出羽守。名は忠真（ただざね）。相模小田原藩、十一万三千石。
(316)證據　証拠。証明のよりどころ。
(317)踏込　強引にはいり込むこと。
(318)阿部駿河守　名は正簡（まさひろ）。上総佐貫藩、一万六千石。

（46ウ）

(319)松平右京亮　右京大夫。名は輝和（てるやす）。上野高崎藩、八万二千石。

(320)太田原飛驒守　名は康清(つねきよ)。下野大田原藩、一万一千四百石。
(321)不束　不調法。具合が悪いこと。
(322)宗法　宗門の定。各宗派の法規。
(323)本寺触頭　本山の法度(はっと)・禁制・触書を配下の寺社に伝える役職。
(324)我儘　身勝手なふるまい。

太田原飛驒守(おおたわらひだ)(320)領分ニ罷在候御朱印地寺社不束(ふつつか)(321)之儀有之節、就宗法(しゅうほう)(322)ニ而之儀ハ本寺触頭(ほんじふれがしら)(323)、又ハ寺社御奉行所江御届仕、任御差図取扱可申義ニ可有御座候得共、領主ゝ〔之カ〕不意向ニ掛、又ハ宗法礼節等相背、我儘(わがまま)(324)体之儀有之節抔、軽重共ニ不束之儀者領主之申付ニ而、本寺触頭・御奉行所江不及御掛合、押込慎等申付候而茂不苦義ニ御座候哉。右躰之儀申付候節ハ、重事ハ本寺触頭・御奉行所江御届申上候筋、軽義ハ不及其儀申付候筋ニ御座候哉。右之段奉伺候。以上。

二月廿五日

太田原飛驒守家来

阿久津弌右衛門

（47オ）

『(朱)御附札

書面御領分ニ罷在候、御朱印寺社不束」有之節、法儀ニ付候儀ハ、其本寺触頭ニ而取扱、其外之儀ハ他之引合無之候ハヽ、吟味詰之上ニ而、夫ゝ相当之仕置御申付候而茂不苦候。追院・退院等身分振候程之仕置御申付候節ハ、何之不届有之、何程之仕置御申付候段、都而本寺触頭等江御申達候筋と存候。○(勿論)大地本山等之儀ハ、又其品ゝ茂寄可申候間、難分義者其節奉行所江御問合有之方と存候。

『○』文化九申年六月廿五日、寺社御奉行脇坂中務大輔様(安董)江左之書面　』

指出、御附札ニ而御差図済候由

毛利若狭守(325)先祖ゟ取立置候領内寺院并山伏共　宮御門跡(みやごもんぜき)(326)方御直末之無差別、不埒不届之筋有之節、不拘宗法儀者、本山江不及掛合、脱衣之上追放・遠嶋、又ハ毛利相当之仕置申付候而、不苦儀御座候哉。後住之義茂御座候故、掛合之上取斗候心得」御座候。此段御問合申上候。勿論領内ニ御朱印地ハ無御座四十四候。以上。

(47ウ)

六月廿五日

毛利若狭守家来
谷川覚兵衛

『(朱)御附札

書面寺院不埒有之候ハヽ、宮門跡直末無差別、宗儀不拘儀ハヽ、本山ニ不及掛合、相当之咎御申付、身分振候程之仕置御申付候ハヽ、申渡、相済候跡ニ而本寺触頭江申達候筋と存候。私領ニ而仕置脱衣と申ハ不相聞候間、一通

(325)毛利若狭守　出雲守。名は高翰(たかなか)。豊後佐伯藩、二万石。
(326)宮御門跡　法親王(ほっしんのう・出家後に親王を賜わった皇子の称)、または入道(にゅうどう)親王(親王であって、後に出家した皇族)が住職として居住する寺院。

退院・追院、又ハ領分払御申渡候方と存候。尤追放・遠嶋等ハ重仕置之儀ニ付、其始末不承候而者、右仕置当取極難及御挨拶候。』

(48オ)

『○』寛政十二申年十一月三日、甲斐庄(かいのしょう)武助様(327)江伺御附札、左之通

寺〻什物(じゅうもつ)(328)等質物ニ差置候儀ハ有之間敷事ニ候得共、若質物ニ差置候時、什物と存候得者、」決而質ニ取不申御定法ニ御座候哉。若初不存質ニ取候而茂、什物之儀、明白相分候得者受ニ不及、其主江差返候義ニ御座候哉。本山役所ニ而茂、什物質ニ取候義者、不相成事御座候事之様ニ申候由及承候。左候得者、右御規式御座候哉と奉存候。御朱印地之儀ハ、別而不相成様ニ茂及承候。此段御内〻奉伺候。

水野左近将監(329)家来

井上八郎右衛門

十一月廿日

『(朱)御附札

御書面寺附之品并

(327)甲斐庄武助　名は正方(まさみち)。百五十俵五人扶持。幕府裏御門番頭。

(328)什物　先祖から伝わる秘蔵の宝物。ここでは各寺の重宝のこと。

(329)水野左近将監　名は忠鼎(ただかね)。肥前唐津藩、六万石。

御朱印地を質入、又ハ書入金銭借候儀ハ、堅難成御定法ニ付、右様之儀仕候寺院ハ、御朱印地・平寺ニ不依、重御仕置相成申候。右を質ニ取、又ハ書入させ金銀貸候ものも、重御仕置ニ可相成。不存候而茂質ニ取候者ハ、吟味之上相分候得者、篤と不相糺質ニ取候段不念ニ付取上、質代損失申付候筋ニ」可有之候。尤取上候品ハ後住ニ渡可遣筋、右品を不存書入させ候（四十五）而茂、得と不相糺不念ニ付、貸金銀ハ損失可申付筋ニ可有之哉ニ御座候。

以上。　』

（48ウ）

『○』文化十酉年閏十一月十二日、寺社御奉行内藤豊前守（信教）様へ伺、御附札済

此度赦被　仰出候御触面之内、当時仕置可申付もの茂逆罪之外、宥免可相成分ハ差免候様、被　仰出候。然ル処、右当時と申御場ハ、於御奉行所御取扱方之儀者、当年中者、矢張当時之御含ニ而、御仕置向茂被　仰付候御振合ニ可有御座候哉。又ハ当時と被　仰出候御場之儀ハ、此節被　仰付候。御仕置向之儀ニ茂可有御座候哉。尤当時致成候罪人之儀ハ、縦令年月を経仕置可申

付候共、此度被　仰出候御趣意を相心得可申付筋茂可有御座候哉。丹波(330)（マヽ）領分之者共仕置向之儀、右御振合相伺取斗申度為心得御問合申上候。以上。」

（49オ）

松平丹波守家来

壬
十一月十二日

石川彦兵衛

『御附札（朱）
書面当時吟味中者、当十一月中迄ニ召捕、又ハ吟味掛リ候儀者、縦令年月を越仕置被申付共、此度被　仰出候趣を以赦被申付、当壬十一月以来召捕、又ハ吟味取掛候分ハ被　仰出候趣ニ不拘、仕置被申付候様存候。
文化十酉壬十一月』

『〇』安政三辰五月御問合御附札

何某病気ニ付隠居仕、実子江家督相続仕候。其後年数相立、何某病気全快仕候処、実子未幼弱ニ付、後見（こうけん）(331)申付置候。然ル処、右実子及大病、家督相続可仕者更ニ無御座候。依之猶又何某江実子之家跡相続、為仕度旨願出候而茂、難承届筋ニ御座候哉。此段御問合申上候。以上。

(330)丹波　松平丹波守。名は光壮(みつたけ)。後に光年(みつつら)。信州松本藩六万石。

(331)後見　家長が年少の時、その代理や補佐をすること。

五月
内
村津儀兵衛*4

『御附札（朱）
書面之通ハ難相成事ニ候。
右、五月廿七日御頼、御徒士目付組頭田中勘左衛門様*5ヲ以、御用所江差出、」四十六
同廿九日御付札済。』
」

(49ウ)

『○』科人召捕方御伺

天保十一子年五月、御勘定奉行深谷遠江守様(332)江御伺御附札済。

(50オ)

一、於領内罪科有之出奔仕候者尋申付、他邦(たこく)(333)ニ而見掛候節、私領ハ不及申、御料所(ごりょうしょ)(334)ニ而茂途中ニ而ハ則取押候後、其所之村役人江科人引取候而不苦儀ニ可有御座哉之事。

但、御陣屋(じんや)(335)元在町并私領城下町ニ而茂、途中ニ候ハヽ、本文之通取斗不苦候哉之叓。

一、右同断之処、御料所、并私領共其所江在附世帯を持居候もの、御料ハ御陣屋、私領ハ領主江掛合、先方ニ而召捕引渡を受候事ニ可有之哉之叓。

(332)深谷遠江守　名は盛房（もりふさ）。幕府勘定奉行の後、小普請組支配となる。五百石。

(333)他邦　他国。ここでは他領のこと。

(334)御料所　幕府の直轄地。天領。

(335)御陣屋　ここでは御料所の郡代・代官などが執務にあたった屋敷のこと。

(50ウ)

一、右同断之処、旅籠屋又ハ在家等ニ旅宿致居候者、科有之者之段、亭主江断捕押候後、其所之役人江申達不苦哉之叓。

一、家中其外宛介〔行〕遣し召仕置候者、科有之出奔尋中、他所江抱ニ相成、家禄扶持方等を貫居候義有之候者抱置候、領主江科有之尋中之訳」掛合、先方ニ而捕四十七押引渡を請候事ニ可有御座哉之事。

但、本人罪人途中ニ而見掛捕押候処、他邦之抱ニ相成居候段申分ニ候者、手鎖(てぐさり)(336)・縄付等ニ仕置捕候訳断候而不苦儀ニ御座候哉之叓。

一、社人(しゃにん)(337)・出家之類(たぐい)、官位有之ものニ而茂、大科等有之出奔仕、他邦之寺社江在付住職仕居候者、御料ハ御陣屋、領主・地頭(じとう)(338)江掛合、先方ニも召捕引渡を請候事ニ可有御座哉之叓。

但、途中ニ而見掛候ハヽ、捕押、手鎖等をも掛置、其訳相達不苦候哉之叓。

一、他領ニ而品々盗取候者、領分ニ而捕押及吟味候処、領内ニ而悪事無之候者、人頭共被盗取候領分之役筋(やくすじ)(339)江引渡候事ニ可有之哉之叓。

但、領内科無之上者、科人者取押候領主ニ而仕置候、品ニ而被盗取候領分之役筋へ引渡候筋も無之義ニ奉存候。

(336)手鎖　手錠(てじょう)。庶民に科す刑罰のひとつで、罪人の手を拘束する刑具。

(337)社人　「しゃじん」とも言う。神社に奉仕する下級の神官。

(338)地頭　地方(じかた)知行をもつ幕府の旗本や私藩の給人。

(339)役筋　ここでは犯罪人を取調べる職務を司る役所(奉行所など)のこと。

（51オ）

一、御料所御代官支配之者罪科有之、私領江迯込、」旅宿ハ勿論、其所江在付世帯を持居候共、領主并其所之役人江同前ニも不及、何方迄も踏込、御捕方被仰付候義ニ可有御座哉之叓。

一、私領之者科有之段、於　御料御代官被及御聞候得者、侍・下〻ニ限らす何方迄茂踏込、御捕方被仰付候義ニ可有之哉之叓。

右之趣兼而心得罷在度奉伺候。以上。

御名家来

四月十日　伊東勝三郎

『（朱）御附札

書面初ケ条并但書弐ケ条・三ケ条・四ケ条・五ケ条目者、被申聞候心得通ニ而可然、四ケ条・五ケ条之但書ハ、捕押候節不取迯様、手当致候ハ勿論候得共、抱主并其筋断無之内、縄又ハ手鎖を掛候義可見合筋ニ有之、六ケ条目ハ無宿者之義ニ可有之哉。左候ハヽ、差押候訳を以奉行所吟味之義被申立、他領人別（にんべつ）(340)之ものニ候ハヽ、引渡方之義伺之上可取斗筋ニ而、」同条之四十八但書者勿論ニ可有之、七ケ条・八ケ条目之儀者、御代官之取斗振ニ而、私

（51ウ）

(340)人別　人別帳・人別送り状のこと。人別帳は人別改めで作成された帳簿で、結婚や養子縁組・出奉公など、他所へ移住する際は送り状を檀那寺（だんなでら）の宗判を添えて移転先へ提出した。

領取斗とハ別段之義、殊捕方ニ差向候ハヽ、奉行所ゟ及差図候品も有之、旁其筋之仕置ニより候義ニ付、兼而難及挨拶候。』

『〇』嘉永元申九月十六日、御勘定奉行久須見佐渡守(341)様江御伺御附札

済

天和二年五月被　仰出候御制札之内。

一、人売買堅令停止（ちょうじせしむ）。年季召仕下人男女共ニ十年を限るへし。其定数を過は可為罪科事。

附、譜代之家人又ハ其所ニ往来輩（ともがら）(342)、他所江相越有付妻子をも令所持、其上科なきものを不可呼返事（かえすこと）。

右其所ニ往来輩と有之候者、其所之人別迄ニ而、家株所持不仕ものハ勿論、田畑・家屋敷所持仕候百姓ニ而茂、困窮（こんきゅう）(343)ニ迫、又ハ一旦之怒等ニ家内引連致家出、他所江在付候共、科なきものハ引戻間敷との義ニ御座候哉。」

（52オ）

『（朱）御附札

書面、其所ニ往来輩、他所江相越有付妻子をも令所持と有之文段ハ、他所

(341)久須見佐渡守　名は祐明（すけあき）。大坂町奉行、幕府勘定奉行を経て、嘉永三年（一八五〇）七月、西丸旗奉行を後職。五百石。

(342)往来輩　行き来する仲間。同輩。

(343)困窮　貧乏で苦しむこと。

江相越し年久敷(ひさしく)住居致候もの丶義ニ相聞、然ル上ハ、田畑・家屋鋪所持いたし候百姓ニ而茂、年来相立候内ニ者、村方ニおゐて相続人見立、右、田畑・家屋敷等譲渡候歟、又ハ領主江取上候と歟仕来ニ応、夫ゝ(それぞれ)取斗可申義ニ而、元居村ニ所持之田畑等ハ無之筋ニ付、素ゟ(もとより)家株所持不致もの同様之義ニ被心得可然候。』

一、厩(うまや)(344)ゟ馬盗取候もの、又何様之科申付、相当ニ可有御座候哉。或ハ盗取迯去候を差押、馬を取戻、或ハ山野江放し置、路頭(ろとう)(345)江繋置候を盗候もの一等軽可有御座候哉。

『(朱)御附札

書面馬盗人仕置当之義、盗之始末ニ寄軽重差別有之候間、委細之訳不相分候而者、いつれ共難申達、併金銭・衣類等」盗取候茂同様之義ニ而、馬盗四十九人ニ候迚、別段之趣意(しゅい)(346)ハ無之事ニ候。

(52ウ)

一、女犯之僧(にょぼんのそう)(347)と申候名ハ、売女(ばいた)(348)江相通(あいつうじ)、或ハ不義、或ハ密通、何れ茂女犯と唱可申哉。

『(朱)御附札

(344)厩　馬屋。馬を飼育する小屋。

(345)路頭　道のほとり。道ばた。

(346)趣意　意見。考え。

(347)女犯之僧　僧侶が不淫戒を破り、女性と交わること。

(348)売女　売春婦。

書面之通被心得可然候。』

前条之通ニ而、売女江相通候ハヽ、何程之科申付可然哉。或ハ売女江通、其上不儀仕候歟、或密通仕候者、科二重ニ相成候当ニ可有御座候哉。

但、両条共、僧并女ハ何程之科申付、相当ニ可有御座候哉。

『(朱)御附札

書面本文・但書共仕置当之義、一寺之住職又ハ隠居・看主(かんしゅ)(349)・所化僧(しょけそう)(350)等身柄ニ茂寄候義ハ勿論、女之身ニも寄、夫々軽重有之義ニ而、女犯もの有之節ニ吟味詰、口書を以被聞合候儀存候。

(53オ)

一、不義と申候名ハ、都而夫無之女江奸婬(かんいん)(姦)(351)仕候」を唱候事ニ御座候哉。

但、右之節男女之科如何程ニ申付、相当ニ可有御座候哉。

『(朱)御附札

書面本文之趣ハ、都而交合致間敷ものヽ、密通ニおよひ候を不義と唱申候。

但書之義ハ、品々差別有之儀ニ付、兼而申達候儀ハ難成筋ニ有之候。』

一、密通と申候名ハ、夫有之女江奸婬仕候を唱候事ニ可有御座候哉。

但、右之節男女之科如何程ニ申付、相当ニ可有御座候哉。

(349)看主 貫主・管主のことか。一山、一寺の長。
(350)所化僧 修行中の僧。寺に勤める役僧。
(351)奸婬 男女がみだらな肉体関係を結ぶこと。情事。

『(朱)御附札
書面本文之趣ハ、夫有之女江奸婬致候ニも不限、都而不義ニ而通合候を密
通と唱申候。但書之義ハ、前付札同様之筋ニ有之候。』
右之趣、兼而心得罷在度奉伺候。以上。」五十

相馬――家来
九月十六日　村津貞兵衛

(53ウ)

『(朱)御附札
書面ケ条限リ附札を以、及挨拶候。已上(いじょう)。
中十月』

(54オ)

『○』道中人馬貫目御定、千住(せんじゅ)(352)駅御定宿中屋六右衛門方承候処、左之」
通書面指出候

一、駄荷本馬(だにほんま)(353)　四拾貫目(354)迄。
一、乗下(のりした)(355)本馬　弐拾四貫目迄。
一、荷軽尻(にからじり)(356)　弐拾四貫目迄。

(352)千住駅　奥州街道最初の宿場町。現在の東京都足立区千住。
(353)駄荷本馬　駄荷は馬につけて送る荷物のことで、本馬は幕府公用者や諸大名が、一定の賃銭で使用できる宿駅の馬。
(354)四拾貫目　約一五〇kg。
(355)乗下　馬の鞍(くら)の下部に付ける荷物。
(356)荷軽尻　本馬の積荷量(三六〜四〇貫)の半分と定められ、駄賃も半額を普通としたが、夜間は本馬と同じ。

一、何不附軽尻(357)　　八貫目位迄。
一、人足壱人持(358)　　五貫目ゟ七貫目迄。
　　但、八貫目ニ至候ハヽ、壱人半持之積。
右之通、御定貫目相違無御座候。以上。
　　　　　　　　　　　　　　　千住駅御定宿
文化十四丑年四月廿五日　　　　　中屋六右衛門
右之通、取合置候処、其後中村町検断青田彦兵衛、斎藤伝左衛門ゟ左之
通伺有之ニ付、又ゝ右千住駅中屋六右衛門江頼、同所問屋迄取合候之処、
朱書之通下ケ札致遣候ニ付、則御当所検断江御下知被成候也。
　　但、朱書ハ千住問屋下ケ札之写。
　御定荷物貫目。」五十一
一、駄荷三拾六貫目。
(54ウ)
　　但、小附(359)(こづけ)□(二貫カ)目迄用捨。
一、本馬乗下拾八貫目迄。
一、荷軽尻廿四貫目。

(357)何不附軽尻　人を乗せる場合のことか。一般に蒲団(ふとん)・中敷(なかじき)・小附(こづけ)のほか、五貫目までの手荷物を乗せることが許された。
(358)人足壱人持　荷物を運ぶ人夫一人。
(359)小附　小付け荷物。荷物の上に更に小さな荷物を添え付けること。

一、乗軽尻六貫目。
　但、小附弐貫目位用捨。
一、人足荷五貫目限リ。
　右之通、心得居候事。

付札
一、駄荷本馬
　四拾貫目迄。
一、乗下本馬
　廿四貫目迄。
一、荷軽尻
　廿四貫目迄。
一、何不附軽尻
　八貫目位迄。
一、人足壱人持。
　五貫目ゟ七貫目迄。

『（朱）下ケ札
一、駄荷本馬　三拾六貫目御定。
　四拾貫目用捨。
　但、小付其外共。
一、乗下本馬　廿貫目御定。
　但、四貫目迄、右同断。
一、荷軽尻　廿貫目御定。
　但、三〆目迄、右同断。
一、乗下軽尻　五貫目御定。
　但、三〆目迄、右同断。
一、人足壱人持。五貫目持。
　但、其余何貫目ニ而も五〆目壱人之割合を以

但、八貫目至候ハ、　歩合（ぶあい）(360)相増申候。縦令ハ六巻目有之候得者、壱
人足壱人持。　人弐分と相成申候。』

右之通、可被相心得候。

（55オ）
一、駕人足之儀、四ツ手あほり戸之外、人足四人以上」御定と心得居候処、駕人足弐人又ハ三人ニ而参候方茂有之、途中ニ而足抔悼（いたみ）候節、差支有之候事。尤人足壱人五貫目之割ニ致候而ハ、駕壱挺四人以下ニ而者持兼候事。尤四ツ手あほり戸ハ弐人持心得之叓。

『（朱）下ケ札

付札

一、乗物壱挺　一、乗物壱挺
人足六人掛リ。　人足六人掛リ。
但、乗物と申迄ニ而、手軽・長棒駕籠ニ候得者
一、山乗物一挺　四人掛リ。
人足四人掛リ。　一、切棒（きりぼう）(361)引戸駕（籠脱カ）一挺
但、丸棒ニ而茂引戸　人足三人掛リ。
駕籠ニ候得者本文　尤引戸駕籠ニ而も、大振（おおぶり）(362)ニ候得ハ人足四人掛リ

(360)歩合　比率。割合。
(361)切棒　かつぐ棒が短い駕籠。
(362)大振　普通より大きめの駕籠。

同断。

右之通ニ候。尤宿駕籠并自分駕籠ニ而も、四ツ手あほり駕籠ニ候得者、人足弐人掛ニ而候。

ニ相成候。

一、乗駕一挺
　人足弐人掛リ。
尤あほり駕籠ニ而も格別大振ニ候得者、三人掛リニ相成候支。前書切棒引戸駕籠之義、当時御取調伺中ニ御座候。』

一、公儀御役人様御通行之節者、其時ニ操伺之上、御差図次第御取扱可仕支。

（55ウ）

一、近国御代官様、御昼（おひる）(363)・御泊等、是迄之通心得可申哉之支。」五十二

但、川原田町尻（まちじり）(364)両番家（屋）、三道具（みつどうぐ）(365)を錺り請人弐人宛詰、先払目明（めあかし）(366)壱人、寄力（与）弐人、

御案内検断（けんだん）(367)壱人。

但、麻上下（あさがみしも）(368)。

一、同御手代衆（てだいしゅう）(369)ハ十人役御案内

付札　『下（朱）ケ札

是迄之通可相心得候。　公儀御役人様方ニ而も、御朱印・御証文之外賃銭

(363)御昼　ここでは昼食を取って休息することの意。

(364)町尻　町のはずれ。町端（まちはし）。

(365)三道具　ここでは罪人を捕えるのに用いる突棒（つくぼう）・刺股（さすまた）・袖搦（そでがらみ）のことか。

(366)先払目明　行列などの先頭に立ち、声を立てて前方の通行人を追い払うことを先払と言い、目明は奉行所の与力や代官などの下で私的に雇われた者。

(367)検断　ここでは町政全般を担当した役人が道案内をしたという意か。

(368)麻上下　麻布で作ったかみしも。当時の武士・庶民が通常の礼服として用いた。

(369)御手代衆　郡代・代官に属して、民政事務や雑役にあたった役人。

御払之分、当時貫目前同様賃銭請取候事。』

一、御大名様（だいみょう）(370)御通行
人足廿五人。
馬廿五疋。

『（朱）下ケ札
御大名様御通行
人足廿五人。
馬廿五疋。
尤拾万石以上之御方ゝ様、其筋ヘ御預済ニ而五拾人・五拾疋、又ハ其余御駕ニ相成候義も御座候。』

付札
書面之通ニ而候。

（56オ）
一、倍臣方（ばいしんがた）〔陪、以下同ジ〕(371)
人足拾弐人五分。
馬拾弐疋半。
右之通、心得居候処、其余相出候時者、相対之賃銭請取可申哉之叓。
但、御録〔禄〕高ニ寄違候儀茂可有之哉之叓。
一、倍臣方ニ而茂、万石以上之方ハ御大名同様ニ心得居申候事。

付札
人足拾三人。

『（朱）下ケ札(372)
諸家倍臣方

(370)御大名様　一万石以上を領有する幕府直属の武家。
(371)倍臣方　陪臣。家来の家来。旗本・御家人に対して、諸大名に仕えた家臣をいう。
(372)下ケ札　幕府の老中などが上書などに付した回答。

之定ニ而候。

人足拾三人。

馬拾三疋。

馬拾三疋。

右者、縦令万石以上ニ候共、其御筋江御願済無之候上ハ、拾三人・拾三疋、余ハ継立ニ不相成候事。』

一、往来之諸士方、先触(さきぶれ)(373)泊附無之分ハ、人馬一切不相出事之様ニ心得居候得共、先触無之帳面斗リ持参ニ而、人馬相出候方時ゝ有之候間、先触無之共相出可申哉之叓。」五十三

(56ウ)

一、御先触之儀者　公儀御役人様之節者、昼夜ニ不限早速継送申候事。

但、不断之先触者幸便(こうびん)(374)ニ而遣候叓。

一、平日往来之諸士方、先触江追付持触ニ而参候節、其先触態ゝ(375)人足を以送候様被申候方間ゝ有之候処、先触之儀者、幸便ニ而送候心得ニ候間、態ゝ人足相立候節者、歩夫壱人之賃銭請取可申哉之叓。

附、寺院方抔、明朝立之先触、宵ニ被相出候儀ニも度ゝ有之候。是又態ゝ相立候時ハ、歩夫壱人之賃戋〔銭〕ニ相出候筋ニも可有之哉之事。

(373)先触　前もって街道の宿駅に準備を命ずること。

(374)幸便　後から送る書簡。

(375)態ゝ　特別に。特に。

『(朱)下ケ札

一、本文之通先触ニ泊付無之候而者継立不相成候事。尤登りニ者不心得ニ而差出候事も有之ニ付、見斗取斗候義ニ御座候。」

一、無触ニ而駄賃帳斗持参ニ而ハ継立不相成候。

一、先触之儀ハ　公儀御役人様ニ而も諸御家中様方ニ而も、是ハ留置候筋ハ不宜候事。

一、寺院方抔、前夜先触出候ハヽ、直様送候様御心得可然候。

是ハ先宿江先触間ニ合兼候節、継立方六ケ鋪相成候事ニ付、先触之義ハ遅滞不相成候事。』

(57オ)

付札

一、先触無之共、全大小名之家来ニ相違無之人躰ニ候ハヽ、相出可申、若数人・数足ニ而指支候時者、随分入念ニ其訳を申、縦(たとえ)遅刻ニ成候共、何分俄ニ茂手宛仕相出可然。右繰合茂出来兼候時者、滞留(たいりゅう)(376)之儀及相談候か、又ハ人馬戻り次第相出候而可及熟談(じゅくだん)(377)候。尤扱ひ振ハ弥(いよいよ)(378)柔和ニ可仕候。

(376)滞留　旅先に滞在すること。物事の進展がとどこおること。

(377)熟談　問題解決までよく話し合うこと。

(378)弥　弥々とも書く。いっそう。ますます。

一、公儀御役人御通行御先触ハ、昼夜不限早速継送可申候。

一、諸家之家来通行ニ付、先触ハ幸便ニ而継送可申儀候処、差掛候而到来幸便を得候而者、人馬心掛宿手宛届兼候。日割ニ候ハヽ、態〻茂継送可然候。然レ共、夜分態〻継送候時者、幸便先ツハ無之当ニ付、其訳申談賃銭請取候儀も」五十四

(57ウ)

可有之。猶、他領之

宿駅扱振、御問合之上、追而御差図可被成。夫迄(それまで)右之心得を以取斗居可申候。

一、洪水又ハ大雪ニ而海道馬足(かいどううまあし)(379)不相叶、人足ニ而継立候節、本馬壱疋江人足何人、軽尻壱疋江人足何人と御定之叓。

但、荷物之嵩ニより人足大勢掛リ候節ハ、其分賃銭請取可申哉。又ハ宿ニ而悼ミ(いた)(380)可申哉之事。

付札

書面、洪水・大雪等ニ而馬足難叶候ハヽ、滞留可致義之処、急用等ニ而人足ニ而継送呉候様頼ミ候ハヽ、相対之継立ニ付、人

(379)海道馬足　一般に東海道を指すが、ここでは浜海道(江戸から水戸街道を経て勿来〈なこそ〉関から浜海道へ入る。磐城平〈いわきたいら〉藩領より相馬藩領を北上し、仙台藩領の岩沼で奥州道中と合流する)のことで、馬足は伝馬(てんま)を指す。

(380)悼ミ　ここでは物質的な損害、打撃をこうむること。

足定リ賃銭ニ而継送
可申、人足積之義ハ
駄荷」貫目、人足持
貫目定リを以御急白〔伯カ〕
ニ積直可申候。

（58オ）
一、夕七ツ時(381)（ゆうななつどき）後相出候人馬、馬添(382)（うまぞえ）又ハ添夫相出候処、添人之儀者宿ニ而悼可申哉。
又ハ賃銭請取不苦筋ニ茂可有之哉。
但、馬添増夫不相出共不苦哉之事。

付札
『（朱）下ケ札
馬添之儀者、宿〻
心得を以相出候と
相見候間、多ハ相
出候ニ及間敷、然
レ共、夜中ハ勿論
之義、昼夕ニ而茂
上之御張札ニ而可然奉存候。』

(381)夕七ツ時　現在の午後四時頃。
(382)馬添　乗馬に付き添う従者。

何かと無心元義有
之候ハヽ、相出可然
候。

一、他方之御方、其所ゟ帳面付出無之分ハ、人馬不相出事ニ心得居候事。

付札　　　　『（朱）下ケ札

書面之当ニ候得共、　　上之御張札ニ而可然奉存候。』
病気又ハ何かと無拠（よんどころなく）（383）

（58ウ）

五十五

指見候筋」有之時ハ
相出候儀も可有之候。

一、駄賃帳（だちんちょう）（384）持参ニ而茂、宿々順ニ附不来、勝手を以抜々（はやばや）（385）ニ附来候時者、是又人馬
不相出事ニ心得居候事。

付札　　　　『（朱）下ケ札

勝手を以抜々ニ馬為　　上之御張札ニ而可然奉存候。』
相出候共、駄賃帳ハ
宿並ニ記可申事ニ而、

（383）無拠　余儀なく。しかたなく。
（384）駄賃帳　貨客を駄馬で運送する駄賃を記入しておく帳簿。
（385）抜々　早々。すぐさま。

書面之通抜〻ニ駄賃帳附来候儀ハ無之筋ニ候得共、若附来時者不出候共不苦筋ニ候。

一、南部(なんぶ)(386)・仙台(せんだい)(387)、其外他所飛脚(ひきゃく)(388)之もの、帳面茂無之差掛、馬相出呉候様申候事度〻有之。急之飛脚ニ相違無之様之者江ハ、駄賃帳無之共、馬相出候義も有之候得共、帳面無之時者不相出共不苦候哉之叓。

付札」

（59オ）

飛脚之もの病足又ハ踏労れ(ふみつかれ)(389)相頼候時者、相互之義ニ付、何分相出可然候。

惣而諸家飛脚之儀ハ、其家之重役方より夜通し証文か、又ハ先触等持参候而、急飛脚ニ相違無之分継立可然。尤江戸立之分ハ急度持参候得共、奥筋ゟ登リ之分ハ見斗可然。多分夜通し証文持参可為候。

一、囲馬(かこいうま)(390)者申不断、三疋宛ハ指支無之様手宛致置候処、往来之諸士方指掛参候而、囲馬出候申方茂稀〻有之候処、格別急成御用之外ハ相出不申心得居候事。

(386)南部　南部藩（盛岡藩）。現在の岩手県盛岡市に居城。仙台藩領と南隣。

(387)仙台　仙台藩（伊達藩）。相馬藩領北方に隣接する。現在の宮城県仙台市。

(388)飛脚　書簡や金銀などを配送する人夫。幕府公用の継飛脚、諸大名の大名飛脚、民間の町飛脚の三つに大別される。

(389)踏労れ　走り疲れてくたびれること。

(390)囲馬　囲人馬（かこいじんば）。宿場に常備した人馬の内、幕府御用や非常時の往来のために確保しておいた人馬。

付札
外ニ可相出馬無之候ハヽ、
可相出事ニ候。
此末数ケ条有之候得共、多分ハ御手限御差図条々ニ付略之、委細穿鑿可」五十六
致義有之時者、別冊調帳を以糺へし。

(59ウ)

『○』道中心得方御伺
長門守(ながとのかみ)(391)家来、并出家・社人・山伏、其外下々ニ至迄道中旅行之節、心得方
之義奉伺候覚。
御大名様方
一、御旗本様方　御目見仕候家来并諸士以上、出家・社人・山伏・虚無僧(こむそう)(392)等。
御代官様方
右之者共其身分ニ応し、駕籠并乗掛馬上、又ハ騎馬等ニ而、何茂口附有之御
行逢仕候者、下馬・下乗不仕海道筋江片付、馬之口為取罷在、且駕籠ハ場広
之処ハ片寄候而乗通し、若道狭ニ茂候ハヽ、駕籠を片付立置候心得ニ而罷在

(391)長門守　藩主、相馬益胤(ますたね)。

(392)虚無僧　禅宗の一派である普化宗(ふけしゅう)の僧。深編笠をかぶり、首に袈裟(けさ)をかけ、尺八を吹きながら喜捨(きしゃ)を請い、諸国を行脚する僧。

候。

（60オ）

一、右之通候得共、何之御方様御旅行とも不相心得、且御少勢等ニ而者、差掛リ誰様共難見分事ニ候得共、馬をも不留、通例之通乗通候心得、若シ」先方ゟ誰様御通行之由、断御座候者、其節前段之通相心得可然哉。右断茂無之乗通し候迚、不礼不届之段、御咎メハ有之間敷義と奉存候。

一、右之者共、何之乗馬ニ而茂、口附無之乗通し候を乗打（のりうち）(393)と唱可申哉。是ハ堅不相成事と相心得罷在候。

徒士以下帯刀之者（たいとうのもの）(394)、并百姓・町人

右之者共口附有之、馬上ニ而茂御行逢仕候者、下馬可仕義と相心得可然哉。

但、下馬仕候節冠物（かぶりもの）(395)取可申哉。

一、諸士已上、并出家・社人・山伏・虚無僧等江、百姓・町人等、右之者共口附有之、馬上ニ候得者乗通不苦候哉。

但、口附無之乗馬ニ而下馬仕候節、冠物構無之事ニ御座候哉。

一、道中筋、諸家御私領之内、其所之御領主様江御行逢仕候者、徒士以上・以下共、下馬・下乗仕、冠物取候義ニ御座候哉。

(393)乗打　貴人や長上の前を、馬、駕籠などから降りずに通り過ぎること。

(394)帯刀之者　町人・百姓などの中で刀をさすことを許された者。功績のあった庄屋(名主)や、多額の金品献納をした大商人などに特例として与えられた。

(395)冠物　笠や頭巾(ずきん)など、頭にかぶるもの。

但、於御料所其所之御代官様へ御行逢仕候節も、本文ニ准し相心得可申哉。」五十七

（60ウ）

一、御用物（ごようもの）(396)と見受候而茂、制無之分ハ下馬・下乗不仕、冠物茂取用候心得ニ而罷在候。

附、御三家様（ごさんけ）(397)方、其外諸家様ゟ之御献上之品江ハ、下〻たり共下馬不仕心得ニ御座候。

一、問屋場ニ而荷物継立候ハ、登リ下リを不論、先ニ参着（さんちゃく）(398)仕候を先ニ継立候義と相心得罷在候。

但、御三家様方御家来之荷物ハ、問屋場参着之遅速ニ不拘、いつ迚茂先ニ継立ニ仕候義ニ御座候哉。其外船渡場所ニ而も、右ニ准し可申哉。

一、諸士以上・已下共止宿之義、問屋江相断、得案内止宿仕候義ニ御座候哉。且問屋ニも不相断、旅籠屋相対を以止宿仕不苦候哉。

一、諸士已上・以下共泊宿取候義、着ハ夜五ツ時(399)限、出立ハ暁七ツ時(400)ゟと相心得罷在候。乍去主用之品ニ寄、難取極事も可有御座、其分ハ不苦事ニ奉存候。

一、急用、日割之飛脚、夜中不限、何時ニ而も人馬継立不苦事と相心得罷在候。

(396)御用物　朝廷や幕府・諸藩の用に供するもの。

(397)御三家様　徳川将軍家の一族で、尾張・紀伊・水戸の三家。

(398)参着　先方へ到着すること。

(399)夜五ツ時　宿泊する時は、現在の夜八時までに到着とする。

(400)暁七ツ時　宿を出立するのは、定時法（日の出と日没を境にして昼夜を六等分した不定時法もあった）で、現在の午前四時より。

(61オ)

一、諸士以上之者船渡場ニ而、他之者不限上下相乗」仕候義不苦候哉。

一、宿間途中ニ而、人馬怪我、吴変(異、以下同ジ)等之節ハ、冣寄何方ニ而茂役人有之候者、其段相断手宛為仕、若も手掛茂無之処ニ候者、前後両宿之内江及手、首尾扱受候心得ニ而罷在候。

一、弐拾貫目位有之乗下ニ而、旅行仕候其ものへ勝手ニ而飛乗仕候節、乗候駅〻ニ而者、本馬之賃銭相払也。乗不申所ニ而者、軽尻掛荷之賃銭相払罷通不苦義と相心得罷在候。

一、人馬先触差出候節、駅〻継送之義、宿役ニ而態〻人夫相立、無遅滞差立候義と相心得罷在候。

一、出家・社人・山伏之類往来之節、先触相出候義ハ、不相成御定と御定と(衍)相心得罷在候。右ニ付、問屋場江先ニ参着仕候而茂、先触無之人馬、且其後先触有之荷物参候ハヽ、此分を先継立ニ仕、先ニ参候而も先触無之荷物ハ、跡継立ニ相成候筋と存罷在候。

(61ウ)

一、五海道(ごかいどう)(401)之外横道数多(あまた)有之候得共、何之所ニ而も問屋相建置、人馬継立候ニおゐてハ、本意之御定」相用候事と奉存候。

(401)五海道　五街道。江戸を起点とする五つの主要道で、東海道・中山道・甲州街道・日光街道・奥州街道をいう。

一、壱人旅仕候帯刀之者、旅籠屋江相対を以、止宿可仕由申候得者、何方ニ而茂相断、一宿相成兼難義仕候事茂有之候。右様之節者、問屋役人江吃度(きっと)(屹)(402)相逢候之ハ(マヽ)、、無㕵儀宿申付候事と相心得罷在候。

附、壱人旅ニ不限途中ニ而隙取之訳柄有之、及夜陰候共刻限柄之由役人共申、一宿相断候義ハ無之筋と奉存候。

一、本馬・軽尻共、帯刀以上之もの〻乗掛ニ跡付有之、同以下之もの〻乗掛ニ跡付無之筈ニ御座候哉。

一、前段数ケ条之趣ハ、徒士以上・以下共、為主用旅行、出家・社人・山伏等ハ、夫〻之本寺へ上下、又ハ為修行登山往来仕候節之義ニ御座候。然ル処、右之もの共主用、且本寺等江之用向ニも無之、一己之用事ニ而旅行、人馬継立候節ニ而茂、都而前ケ条之趣ニ准し相心得可申哉。

右荒相心得、是迄往来仕候得共、心得違不治定之義も有之候而者不宜候旨、此段奉伺候。以上。」

（62オ）

文政九戌年九月四日

相馬――家来
猪苗代(いなわしろ)貞之丞[*6] 印

(402)吃度　屹度・急度。すばやく。急いでの意。

『御附札』

書面万石以上・以下之無差別　御朱印・御黒印持参之御用旅行江対候而者、倍臣之分下馬・下乗いたし可然。尤、主人供行列之内ニ而茂乗相可致筋無之、且同様　御朱印・御黒印所持無之御用旅行之分江茂、倍臣ニ而鑓為持候程之者ハ、片寄扣居リ下馬・下乗ニ者不及候。十五ケ条目、本馬之荷物附候上、勝手ニ而不乗候而茂、本馬之賃銭可相払義勿論ニ有之、其余数ケ条御問合候得共、右者同席衆一同之問合ニも候ハヽ、格別家々之家格仕来等、却而区々之心得方ニ相成可申間、巨細(こさい)(403)ニ者難及挨拶候。

亥閏六月

『○』御番所詰之面々綿服着用御伺御頼、大御目付堀伊賀守様江指出*7

御附札済

文政五午年、外桜田御門番被仰付候節、伺之」(62ウ)上番士着用桟留袴(さんとめはかま)(404)着用罷在候五十八下処、当時外桜田御門番相勤罷在候ニ付、番士夏冬共綿布夏袴・葛布(くずふ)(405)・麻平(あさひら)(406)之類取交、且供頭(ともがしら)(407)之者右同様着用、御役所向江差出候。使者も綿布取用不苦儀

(403)巨細　委細。一部始終。

(404)桟留袴　桟留縞(さんとめじま)の袴。インドから渡来した縞織りの綿布で、後に竪縞の赤や浅黄のまじったものとなる。

(405)葛布　「くずぬの」とも。静岡県掛川の名産。縦糸に綿・麻・絹などの糸を用い、横糸には葛の繊維を用いて織ったもの。

(406)麻平　麻糸で織った布地。

(407)供頭　供まわりの者を取締まる役。

御座候哉、此段奉伺候。以上。
嘉永元申年也。　　　　御名之内
七月十八日　　　　松本覚兵衛*8

御附札
(朱)
『書面之通着用不苦候。尤遠　御成之節、平服ニ而相出候節者、綿服致遠慮候
方と存候。』
」

(63オ)

『○』御城下侍之妻病気被犯出奔立帰御扱
文化十四丑年六月
一、西半六妻、病気ニ而先年出奔。他所ニ永ゝ罷在、文化十四丑五月立帰候処、
半六後妻を縁組相済候を境ニ離縁之形ニ取扱候様被　仰付。右者、相馬主税*9
殿若党谷津田杢右衛門妹ニ付、主税殿御自分扱ニ被成候様御用番ゟ御達被成、
右ニ付扱向之儀、御先手を以郡代衆江御取合有之候処、侍之妻女、是迄出奔
立帰候例不相見候処、右者、出奔之節病気ニ被犯候とハ乍申、其砌雑説ニも、
相手有之様ニ主税殿ニ而茂被及御聞、御糺明(ごきゅうめい)(408)被成候得共、左様之義無之旨申
分ニ而、御不審詰ニも至兼候得共、病気たり共、不貞之筋ハ難遁(のがれがたきことゆえ)事故、侍ニ

(408)御糺明　事実を明白にすること。

候得者、評定之上、於宅籠居位之当リニ可有之。右之通ニ而茂、去ル酉年以前之御咎之ものエハ　公辺赦相掛候ニ付、於宅禁足ニ可相成。此節大赦之砌ニ付、縁組御構ニ可相成趣御挨拶被成候。

『○』御一家衆、[409]并並御家中自分仕置候叓

(63ウ)

一、御一家衆御家来重科ニ而茂、評定御頼等ハ」不被成候由、右之通リ当リ御取合之上、御自分(ごじぶん)[410]御扱ニ被成来リ、御自分ニ何そ訳有之候得者、御自分大赦も御掛ケ被成候由。　五十九

但、御上(おかみ)[411]并脇(わき)[412]江引合候科ハ、御自分御仕置ニ者難相成候。

一、御一家之外、御家中自分仕置之義、不相分候処、今度組頭衆江御達、先例吟味有之処、先年被　仰付置候ハ、他所追放之外ハ、自分ニ而仕置可申由被仰付置候由。

他所追放　自分ニ不相成御上江伺之上、

死罪　御一家ハ自分御仕置也。

但表向御取合有之叓。

(409)御一家衆　藩主相馬家の一族のこと。城代や家老などの要職について藩政を司る。

(410)御自分　その人自身。

(411)御上　ここでは主君、藩主のこと。

(412)脇　ほか。別のところの意。

並御家中ハ自分仕置ニ不
相成、御上御裁許を得候叓。

右之通ニ而、御一家衆御家来　御上并他江不抱候。科人ハ自分御仕置ニ候得共、此度岡田帯刀殿（おかだたてわき）(413)御家来、渡部瀬左衛門公事帳ニ相見候通、門馬作右衛門（64オ）と申合、御要害（ごようがい）(414)之御場所之杦自由ニ伐取、其外」不届有之、会所江御取合之上、評定ニ可被相掛罪ニ当候旨及御挨拶、評定ニ被相掛候様御用番之老衆江御達ニ相成、文政三辰年五月廿四日評定被相掛、即日御城下并内郷御構、山中へ改易被仰付。

但、会所江御取合評定ニ可被相掛筋ニ候ハヽ、御一家衆ゟ御用番老衆江御達、評定被相掛候先例之由。尤古来ゟ　御上江対シ、又ハ脇江拘リ候無調法人ハ、　御上御裁許古公事帳ニ数〻相見候。

一、右一件并其外共評定之日、御用人神戸（かんべ）五兵衛殿(415)御病気ニ而、組頭ゟ岡源右衛門殿(416)御雇之処、御雇ニ而ハ評定御出席無之と申儀も有之故、御相談有之処、御用人・組頭・郡代三廉之儀ハ御闕〔欠〕席難相成、殊ニ組頭ゟ御雇之儀ニ候得者、御出席ニも宜鋪義（よろしきぎ）と御相談済。

(413)岡田帯刀殿　名は直胤。明和八年（一七七一）家督。組支配・侍大将となる。
(414)御要害　城塞・城郭。
(415)神戸五兵衛　二百五十石。大身。
(416)岡源右衛門　百五十石。大身。

一、門馬作右衛門・岡村朝嘉・渡部瀬左衛門同類ニ而、右同日評定ニ被相掛候処、作右衛門・朝嘉ハ侍ニ而御伺ニ相成候故、」（64ウ）即日御裁許ニ不相成、瀬左衛門ハ六十帯刀殿（岡田直胤）御家来給人ニ而、御上ゟ被下候御知行ニ無之故、御伺ニ不及、即日御裁許ニ可相成処、掛り合之御科筋ニ而、作右衛門・朝嘉御伺之上、思召ニ而茂被為有、御科軽重有之時者、瀬左衛門御扱ニも闔（なんぞ）之義、縦令御扱ニ不及身分ニ而茂同様御伺不被成ニハ相成間敷哉。御相談之処、掛り合科人ニ而茂御裁許別ミニ成候時ハ、相手ニ無構御裁許相済候、近例共有之、御相談之上、即日御裁許相済候。夫共（それとも）同類之御科ニ而、同日評定同様之御裁許ニ相成候時者、身分ハ何れニ而茂、一同ニ相伺可然御相談之処、其後先例見出候ニ、先年同類掛り合之科人御裁許之品ハ相替候共、一同御伺ニ相成候例有之候。以来ハ古例之通、相伺可申候。

『〇』御家中在郷給人又者斬罪之例

一、門馬昌助二〔次〕男、駒谷主馬蔵事主馬蔵（マヽ）、小高郷小谷村（おだかごうおやむら）(417)菅野六兵衛忰、同幸右衛門、相馬主税殿家来高橋名護右衛門事平助、右三人、今日於」（65オ）籠屋鋪、斬罪

(417)小高郷小谷村　現在の相馬郡小高町小谷。

相成候首尾左之通。

一、主馬蔵義、僉議中格式外シ居候得共、元侍身分ニ付、検使定例之通、中目付後官、中頭先官両人。

一、籠出御指紙、御用番老衆御一判首尾ハ検使、認方(したためかた)(418)ハ御勘定方。

一、検使連人(つれびと)(419)、中目付・御使番共草リ取壱人ツ、御貸人。

一、六兵衛悴菅野幸右衛門ハ、格式外シ不申居、評定之節格式外シ、大小欠所〔闕、以下同ジ〕江御取上と御決評ニ而、検使定例之通、扱之中頭江御近習目付(きんじゅめつけ)(420)立合也。

一、籠出御差紙、御用番老衆御一判首尾ハ検使、認方御勘定方。

一、連人草履取壱人ツ、御貸人。

一、太刀取(たちどり)(421)町同身。

　但、罪人之首落チ候を境、町同身頭見事と声を掛候儀、先例之趣也。

一、籠屋鋪ニ而死罪有之以前、屋敷内牢奉行(ろうぶぎょう)(422)廻番致候先例之事。

一、太刀取同身江科人壱人ニ付、金壱両ツ、欠所」(65ウ)より被下。

一、刀寐刃(とうしんやき)(423)あわせちん、并清め砺賃(といしちん)(424)欠所ゟ出ル。

一、斬罪相済迄ハ、砺師籠屋ニ居候筈也。尤籠奉行(ろうぶぎょう)ゟ申付相出置候事。

(418)認方　記録として書き記す方法。ここでは勘定方(財務関係を扱った役人)が行なっている。

(419)連人　同伴の者。

(420)近習目付　藩公の側に仕えて監視をつとめる役。

(421)太刀取　罪人の首を切る者。

(422)牢奉行　牢屋奉行ともいう。町奉行の支配に属し、牢屋の管理や罪人の取締りに任じられた。

(423)刀寐刃　刀身の焼合わせのことか。

(424)砺賃　砥石賃のこと。刀を研磨する石。

一、死骸片付方、菰(こも)(425)江包、馬場野(ばばの)(426)江捨ル。尤、科人壱人ニ付歩夫四人宛勘定奉行指紙ニ而町ゟ相出、籠屋之鍬(くわ)を為持遣し、死骸入候程穴を掘、土を覆ひ候様申付させ候叓。

一、同捨候場所江籠同身弐人遣、万事見届候。先例相見候ニ付申付ル。乍去、是者籠死之者有之時之例也。斬罪ニ成候ものゝ時ハ、町同身ゟ遣候而可然哉。猶吟味可有之事。

一、右之通、手宛致候得共、此度者親類ゟ死骸戴度段願ニ而被下候ニ付、此度者不用。跡之為記置。

但、親類ニ而手ニ掛申度、又ハ死骸戴度段願候ハヽ、任其意可申哉ニ検使ゟ同済ニ而罷越候由也。

一、相馬主税殿家来平助、是ハ都而御自分御仕置之格也。然レ共、此度者、詮議并評定共ニ御頼也。」

(66オ)

一、僉議兼而之通、郡代・勘定奉行ニ而相尋、白状之趣口書颯(くちがきさっ)と取調(とりしらべ)(427)、旦方ゟ御主人江御達被成候上、評定御頼ニ付表評定ニ成ル。尤此度者侍評定、惣老衆御出席之御序、殊ニ当時御職分御頼中故、御主人茂御出席也。御一家之御家

(425)菰　植物の真菰(まこも)を粗く織って作ったむしろ。

(426)馬場野　現在の相馬市馬場野。

(427)口書颯と取調　罪人である平助の供述をすぐに書き記したとの意。

来斗ニ候得者、御順之老衆御一人也。
一、評定之節、披露ハ御組役人ゟ御頼被成候事之由、此度者、物頭ゟ門馬徳（本ミ）右衛門(428)也。尤ロ〆ハ御宅ニ而同人。
　但、宛ハ郡代宛『(朱)御席披露之節　ロ〆於会所中頭立合。但、出披露也。御宅僉議之節、立合組頭・中頭之由。』
一、評定相済、右之趣御用番ヘ御達御伺被成、御窺書(うかがいしょ)(429)ハ御用番ゟ会所江被仰付、公事帳預ニ而調上候叓。
一、籠出し入御指紙ハ御主人御一判也。死罪之節ゝ同前。若(もし)、江戸御留主等ニも候得者、御用番御一判之例也。
　但、評定当日ハ先例之通、呼指紙郡代両人也。
一、御伺相済、死罪之首尾ハ丸ゝ御自分ニ而御取行可被成処、左候而者御物入不容易、当年柄御物成迚茂無之、半面扶持之砌、御届被成兼候ニ付、御拝借金(ごはいしゃくきん)(430)壱両弐分御願之通相済。」六十二

(66ウ)
一、太刀取者町同身江御頼被成度候処、御自分ゟ御頼ニ而者、被下金壱両ニ而者御請も仕間敷、左候得者、御拝借金相増不申ニ者相成間敷処、金高増候而者御上御厄介増候筋ニ付、会所ゟ御頼之趣申達、定式之通金壱両被下候段申付

(428)門馬徳右衛門　二百五十石。大身。

(429)御窺書　上司の意見、または差図を請うために差し出す文書。

(430)御拝借金　百姓・町人などが領主から借りた金銭。

候叓。

一、検使ハ小身侍ゟ冨田(とみた)郷右衛門(431)也。尤、籠出御差紙同人首尾ニ而御勘定方江頼認候事。

一、死骸片付方非人頭へ御頼、合式(ごうしき)(432)首尾致させ金子被下候由也。尤町同身ゟ遝ミ呉候様、是又御頼之叓。其外御扱方前書同断。

一、同捨場江者、御家来之内ゟ御差紙見届候由也。

一、平助評定之節者、御仕置之場所を不指、唯斬罪と斗申上候叓。是ハ御主人御取極次第御下屋敷等ニ而御取行可被成叓ニ付。

但、此度者牢屋敷ニ而斬罪之序(ついで)も有之ニ付、同所御かり被成度御願ニ而御かし被成候得共、御一家衆御家来斗之時者、猶吟味有之可然叓付、人切刀是亦御願ニ而御かり被成候得共、御」(67オ)一家御家来斗之時者、猶吟味有之可然叓。

右、此度者凶年ニ付　御上下御難場ニ付出格之御相談も有之。又御上罪人茂有之故、御一家衆ニ御手都合能御願済候得共、御一家之御家来斗之時者、前段之通ニ者相成間敷候事。

(431)冨田郷右衛門　六十九石の小身。

(432)合式　掟(法式)の通り。

（白紙）

」六十三

」

（67ウ）（68オ）

『○』肆者（さらしもの）(433)取扱

一、除日。

公儀御精進日、五節句、式日、御神事両日、御野馬追三日、八月十五日、

毎月廿二日、御手前様御精進日者初日斗除。

一、前川原(434)一日肆。

町同身附居其村ゟ人足壱人出ス。

但、前河原ニ而者竹螺なし。

一、一日其郷宿場ニ而肆可申事。

村長・組頭之内付居可申支。

縄取壱人、竹螺吹壱人。

宇多郷者、　町同身ゟ壱人出ル。

北郷ゟ南ハ、郷同身（ごうどうしん）(435)ゟ壱人出ル。

但、近年竹螺吹相止居候処、文政元寅ノ冬ゟ前〻之通為吹之。

(433)肆者　晒者。さらしの刑に処せられた罪人。註(76)参照。

(434)前川原　場所は不明。宇多川流域の相馬市中村川原町辺りか、真野（まの）川北岸の行方郡角川原（つのがわら）村前川原（現、鹿島町角川原）か。

(435)郷同身　相馬藩の領内は、宇多郷・北郷・中郷・小高郷・標葉郷（南と北）・山中郷に分けられ、郷目付が各陣屋に詰めて取締りにあたった。郷同身はその配下の者（宇多郷は町奉行支配下で町同身）。

一、一日居村一通り肆。

縄取壱人、宇田郷ハ町同身ゟ壱人出ル。竹螺吹壱人出ル。北郷ゟ南ハ郷同身ゟ一人出ル。」六十四

但、右同断。

（68ウ）

但、宇田郷ハ其郷宿場肆代り川原肆一日増、二日ニ成ル。町方茂川原二日肆外、町中一日引廻、〆三日。

付、足軽ハ頭ゟ茂出候支故、宿場居村肆ハ同身出候ニ及間敷御相談極ル。文政五年閏正月廿四日。

一、肆小簱。

此もの博奕打候ニ付、 如斯さらすもの也。 何郷何村 誰

（右の上に貼紙）「何村

誰

此もの博奕打候ニ付、

如斯肆もの也。

近頃右之通相認候事。」

但、竹螺吹可申候。川原ハ不吹。

川原ニ而肆、其郷村迄其村中之ものへ御渡シ、物入等も村中江掛可申事。

但、御城下又者・坊主・小人・御家中当人」之類ハ、人足ニ而肆可申叓。

(69オ)

一、北飯淵村(いいぶちむら)(436)竹屋、并上町十郎兵衛宅ニ而博奕打候もの共、町方御支配之分首尾左之通。

一、呼指紙町奉行衆江郡代衆御加判、三日川原肆之朝ニ町奉行衆御宅江呼出過料被　仰付候段申渡ス。

一、肆之指紙ハ郡代衆也。

是者先年、佐藤宗与(437)・木幡周円(438)寄合、草履取肆之節、郡代指紙ニ相極居候。何方之支配ニ而も肆中之指紙ハ郡代衆也。

一、肆中竹螺吹・縄取、町ゟ出ル。其外付人同身共、町奉行衆ゟ被仰付。

(436)北飯淵村　現在の相馬市北飯淵。

(437)佐藤宗与　惣与とも書く。百五十石。大身。

(438)木幡周円　名は八郎右衛門。百石。大身。

但、川原ニ而者竹螺吹不申、町中肆之節斗吹候叓。

一、町同身、勘定奉行ゟ直ニ申付、肆初之日会所ニ而肆差紙・小籏渡ス。

一、河原肆二日済、町奉行衆御首尾ニ而、本籠出指紙御取被成、町方肆之朝ニ町同身江御渡し出切ニ成、其日肆相済候節、是迄ニ而相済縄を」解候段、六十五町同身ゟ申付ル。

(69ウ)

川原肆中、町同身と親類壱人宛出ル。町中肆、町同身火之番頭壱人、親類壱人、五人組壱人、竹螺吹壱人出ル。

右両様、町方先例ニ而町奉行衆ゟ被仰付。

一、在郷給人・郷士之類、御知行取者御知行被召上、下ミ之通ニ是迄定過料御取上被成、村参会御留被成、再御知行、其身一代ハ不被相返、子孫之義者御吟味次第之叓。

一、享和二戌二月在郷給人・郷士たり共、博奕打候時者、籠舎之上縄付肆ものニ御仕置被成候旨、先年廉ミ江為心得被仰付置候処、此度吟味之上、籠舎縄付、肆ハ被相止、以来時ミ以吟味、御裁許被成候段被仰付候。此旨為心得被仰付置候。

稲垣平右衛門(439)組足軽

(439)稲垣平右衛門　百五十石。大身。

(440)椎木村　現在の相馬市椎木。
(441)惣領式御構　家督を相続することを禁ずるという意。

張紙ニ成居候写、

椎木村(しいのきむら)(440)杢右衛門子
甚右衛門

右之もの博奕打候ニ付、惣領式御構(そうりょうしきおかまい)(441)川原」(70オ)ニ而二日肆。

内一日ハ宇田郷故増町肆代リ也。

右肆小簱江ハ、誰組足軽とハ不記。

一、肆之首尾左之通。
平右衛門殿宅へ呼指紙ニ而而呼出シ、右御咎申渡ス。

寛政十一未年十月廿五日

一、廿六日・廿七日両日、川原肆縄取人足宇田郷ゟ出ス。勘定奉行ゟ代官へ断ル。町同身、勘定奉行ゟ直ニ申付、会所ニ而肆小簱渡ス。差紙ハ郡代衆判ニ而被相出候。
但、宇田郷之者ニ付。

一、廿八日、平右衛門殿御首尾ニ而籠出本指紙出ス。足軽御出縄付ニ而請取、道中縄取人足なし。同日村さらし、勘定奉行首尾ニ而縄取壱人、其郷ゟ人足相出」六十六ス。此者ニ竹螺も同吹候筈。肆相済、縄を免候段、頭ゟ申付解セル。

(70ウ)

「(貼紙)長柄者、卯八(うはち)(442)江戸表ニ而博奕打御差下ニ相成、肆之儀、先例吟味有之処、延享三寅年、長柄要右衛門中村ニ而博奕打候ニ付、御扱方穿鑿致候処、公事帳切れ〳〵ニ而相分兼、外記録ニも相見不申候処、一体長柄之義ハ鑓町(やりちょう)(443)ニて都而申合、何事も村内江加不申引放居候義ニて、縦令ハ、黒木村ニ博奕打候もの有之候而も、村過料等相出候筋ニ付、肆之義も鑓町斗ニ而、可然御相談極候事。

文久二戌年六月」

」

(71オ)

『○』大赦之覚

一、大赦被　仰出候を境ニ、咎人御緩ニ相成候叓。

一、大赦被　仰渡後、三十日之内御裁許相済候もの江ハ赦掛候事。

但、大赦被　仰出候日ゟ被　仰渡候迄者、何日ニ而茂赦掛候被　仰渡後、三十日之内御裁許有之ものハ、是亦赦掛り三十一日目ニ御裁許ニ成候時者赦不掛候事。

前〻ゟ定有之処、大赦被仰出以前、御咎有之ものニ而茂、大赦後三十日

(442)卯八　宇佐見卯八。宇多郡黒木村の郷士。

(443)鑓町　槍町(長柄町とも)。慶安三年(一六五〇)に長槍の徒士一五〇人を配置したことに由来。現在の相馬市黒木。

迄之内御裁許相済候得者赦掛候事。尤御裁許とハ、評定吟味済之事と見
候而宜し。未進過料(みしんかりょう)(444)等茂、日限ゟ内ニ而未上らざる分ハ緩候事。
『(朱)一、本文大赦被　仰出候を境と有之処、又　御意被遊候を境共有之。両様同様
之様ニハ有之候得共、　御意被遊候を境之方、弥と聢致候哉ニ付扣置。此外
大赦覚ニ委舗(くわしく)(445)。』

(71ウ)
一、古来ゟ大赦と被　仰出候而茂、御構所之内、少し」御残被成候例、多分ニ相六十七
見候処、寛政元酉年・同十午年・文化十四丑年、十分之大赦と被　仰出候節
者、不依科之軽重、遠近無隔(へだたりなく)御構所等不残御免被成候。科人御緩と被　仰出
候得者、大体古来ゟ之赦之当リニ而、御緩御助扶持ハ被下候得共、御返知増
御扶持ハ不被下候様相見申候。不十分大赦ハ　公辺(こうへん)(446)之赦と申ものニ准し可申
哉。依之以来ハ大赦と被　仰出候節ハ赦と唱、古来之御緩方之通ニ而、可然
と科人御緩と被　仰出候節者、是迄之通ニ而可然候。
右之通、致相談相伺置候処、扣落ニ付、爰江(ここへ)記之。御挨拶有之次第書込、大
赦竪(堅)覚へ印置可申叓。
」

(444)未進過料　過料は現在の罰金刑で、軽い場合は三貫から五貫、重くは二十貫から三十貫であった。それを日限までに納めないことを未進という。

(445)委舗　詳しく。詳細に。

(446)公辺　公儀。幕府。

『○』往来之者煩(わずらい)(447)候時并病死、又ハ行倒(ゆきだおれ)(448)煩居候者、村宿篗輿送等願候時取扱方万覚

往来之者煩候時、并病死之節、又ハ行倒煩居候者、宿村送等之取扱方、万一心得違不取斗有之候得者、御政事御不行届之筋ニ相成、　御上之御気毒ニ相拘候ニ付、肝入・検断等、篤と兼而心得罷在候之様可申付置旨被　仰付候ニ付、先年御触之趣并　公儀御役人ゟ、追ゝ御差図之次第、左之通、役ゝ為心得被　仰付置候。尤陣屋并肝入〳〵・検断所〳〵ニ而茂書留置、後役江急度伝置可申候。

（72オ）

往来之者煩候時并病死之節、行倒煩居候者、宿村送等之覚。明和四亥年

公儀より被　仰出候御書付写。

東海道・中仙道・甲州道中・奥州道中・日光道中、右宿ゝ旅籠屋ハ勿論、脇往還(わきおうかん)(449)、其外之村ゝニ而、宿を取候旅人煩候ハヽ、其所之役人立合、医師を掛療養を加置、其旨　御料ハ御代官、私領者領主・地頭江申出、五海道ハ道中奉行江茂宿送」を以致注進(ちゅうしん)(450)、右旅人早速快ク無之趣ニ候ハヽ、其者在所之村六十八役人等江申遣(もうしつかわし)、親類呼寄対談之上、可任存寄、若療治茂不相加、宿継・村継(451)

（72ウ）

(447)煩　ここでは病気になること。
(448)行倒　病気や寒さ、飢えなどのため、道ばたに倒れること。
(449)脇往還　脇街道とも。五街道(本街道)以外の支街道で、水戸路・伊勢路・美濃路・中国路などは、その主なもの。
(450)注進　事柄を書き記して、急ぎ申し述べること。
(451)宿継・村継　ここでは旅行中の病人を宿から宿、村から村へと継送すること。

抔ニ而送出候儀、顕(あらわ)るゝ(452)におゐてハ、五海道ハ旅籠屋・問屋年寄(といやとしより)(453)、其余之村〻ハ宿致候もの、村役人共ニ急度御仕置可申付候。

一、右之外、通掛相煩候旅人も、其所之役人立合、医師を掛、療治を加、勿論、懐中ニ往来手形(おうらいてがた)(454)有之哉相糺、御料ハ御代官、私領ハ領主・地頭江致注進、右病人早速快気無之趣ニ而、在所江帰度候得共、路用貯無之候間、送届呉候様ニ申候ハヽ、書付取之、其宿寄ニ支配之役所有之候者、訴之差図を受、又ハ支配役所無之場所者、其旨致注進置所之役人共得与遂相談、右病人頼之願を認相添、次村江駕籠ニ而送り、夫より次之村〻ニ而病人之様子次第、服薬為致同様取斗、在所江可返遣候。

但、旅人申立候在所江送届、万一其在所之者ニ無之候ハヽ、不取迯様其所ニ留置、其」筋江可訴出。

（73オ）

一、右途中ニ而相果候ハヽ、次村江不継送、支配之役所江致注進、其所ニ而仮埋致置、其者之在所・親類・村役人江掛合之上、其所江葬候共望ニ任すへし。若、道心者(どうしんじゃ)(455)・回国(かいこく)(456)之類抔、懐中ニ何国ニ而相果候共、其所江葬候様、本寺触頭・在所之寺院、或ハ親類等、慥成(たしかなる)書付有之候ハヽ、支配之役所江訴之、在所江

(452)顕るゝ　現わる。出現する。

(453)問屋年寄　問屋場（宿駅で人馬の継立などをする事務所）の役人で、問屋役の補佐をし、一宿を代表して宿行政にかかわった。

(454)往来手形　道中手形とも。諸国の番所・関所の通行を許可してもらうための身分証明書。

(455)道心者　仏道修行者。出家。

(456)回国　回国巡礼。諸国の札所をまわって礼拝して歩く人。

相届ニ不及、其所江可取置。勿論宿初より行倒相果、罷在候節之取斗と同様之事。

右之通、可相心得。万一療養も不加、或ハ内〻ニ而継送るにおゐてハ、是又急度御仕置可申付候。

都而、右類之諸入用者、享保二十夘年、五海道江相触候通、病人又ハ在所ゟ指出候ハヽ、格別無左候ハヽ、宿割・村割ニ致へし。

右之趣、可相守者也。

明和四年亥十二月

『〇』代官扣之内

(73ウ)
一、往来之者煩居候時者、宿寄之人家江引取、養生致候筈也。在郷ゟ申出、郡代衆江申上置候筈。病死之時者、手代・村目付・肝煎見届、帳面ニ記差出し、郡代衆へ申上、御差図を受、取仕舞(とりしまい)(457)候筈也。往来状有之時者、郡代衆江掛御目、右有之ものハ宿寄之寺江葬る。往来状無之ものハヽ、道之脇江仮葬札を立置候筈也。往来状持候もの、寺江遣候時、所持之金銭并持合候品有之時者、」六十九

(457)取仕舞　ここでは取始末の意で処理すること。

寺江百文遣、諸入用間ニ合候様申付る。併持合候銭も払候品も無之時者、村割・宿割可致。

但、数日快気無之、在所江送之願も無之、村方ニ而永々取積兼、願之上一日七合扶持・茶代迄茂被下、病死之時持合候銭も払候品も無之時者、取仕舞入用三百文欠所より被下、内百文寺江遣、弐百文入用被為致被下候。米ハ売分ニ立、欠所(闕、以下同)へ為替致候例も有之。

(74オ)

一、行倒煩居候もの、宿送ニ而遣候義不相成候叓。

但、其所金銭所持仕(者か)、賃を払、馬又ハあんだ(箯輿)(458)」ニ而茂参度由願候ハヽ、格別之事。

『(朱)此ケ条、行倒煩居候もの宿送ニ不相成ニてハ、難分事之様相見候。明和四亥年　公儀ゟ被　仰出候御書付之内ニも、通掛リ相煩候旅人茂相願候ハヽ、送遣候様子之御文面有之候。尤、行倒居候もの、療治を加候而茂快気無之、箯輿(あんだ)送願ニ而送出候。近例数々有之候。

安政二夘年書添。』

(458)あんだ　箯輿。ここでは町駕籠として用い、左右に畳表を垂れた粗末な駕籠のことか。一般には長方形の板の回りに竹で編んだ縁をつけた手輿(たごし)をいう。

(貼紙)「外組なれハ、組頭・村目付両廉之事。尤両廉共雇ニ而ハ不相済筈。」

一、往来之者、行倒死居候ハヽ、手代・村目付・肝入立合、死骸持合(もちあわせ)之品共改、小帳(こちょう)(459)ニ仕致印形、飛脚を以申出候筈。郡代衆江申上、御差図を受、取仕廻申付ル。

但、駅内ニ候ハヽ、検断も立合改可申候。

安永五年申三月四日

一、中村北中橋辺、非人倒煩居候ニ付、正月廿日夕ゟ二月廿一日夕迄、於長作方、保養快気致、仙台之方へ参候、右賄扶持米一日七合ツヽ、被下候筈相済。

(74ウ)

『○』天保三夘八月、因州鳥取(いんしゅうとっとり)(460)御城下材木町」平蔵と申もの、中太田(なかおおた)七十村(461)ニ而煩、左之通願ニ付、代官坂地権左衛門(さかちごんざえもん)(462)ゟ伺ニ付、書面類、

会所加筆之上送遣候扣

『○』病人平蔵願書之写

私儀、御当領江行掛相煩候処、村御役人様御世話を以御療治被成下、難有奉

(459)小帳　小形の帳面。

(460)因州鳥取　因幡(いなば)国鳥取、池田氏三十二万五千石の城下町。現在の鳥取県東部。

(461)中太田村　現在の原町市中太田。

(462)坂地権左衛門　城下士。四十五石、小身。

存候得共、御医師御了簡ニも、当分本快仕間敷由、自分茂同様存候間、永ミ御厄介被成候義茂恐入、殊路用貯茂無之難渋仕候間、何卒以篭輿(らんよ)(463)宿村送を以帰国仕度、御慈悲を以願之通被仰付被成下候ハヽ、難有仕合奉存候。

因幡国
城下材木町
平蔵 爪印(つめいん)(464)
当夘四拾六歳

夘八月十日

相馬様御領分
奥州行方郡
中太田村
御役人衆中様

(75オ)

因州
平蔵容体

去ル十二日、中太田村役人ゟ頼来候ニ付、罷越診察仕候処、乾肺(肺、以下同ジ)気煩、右手(て)宛(あて)之薬用仕候得者、快方相向候得共、難症故全快之儀難斗奉存候、右病症申

(463)篭輿 あじろかご。竹を編んで作ったふせかご。

(464)爪印 爪判とも。庶民に限られ、印章の代わりに指先に印肉をつけて口書などに押した。

(465)泉備　不明。相馬家の重臣、泉氏・泉田氏のことか。「備」は備前守か。

(466)松平相模守　因幡守、鳥取藩（因州藩）藩主、池田斉訓（なりみち）。三十二万五千石。

上候。

卯八月　　　泉　備(465)印

因州村〔邑〕美郡（おうみぐん）鳥取
松平相模守様(466)御城下
材木町町人
平　蔵
当卯四十六歳

着類
一、何ゝ　　一、何ゝ
持品
一、何ゝ　　一、何ゝ
〆何品

右之者、去ル朔日、当村江行掛病気付路辺江臥居候ニ付、村役人立添、医師を相掛薬用」(75ウ)致候処、少ゝ快方ニ候得共、当分快気無心元由、医師并病者茂七十一同様存候処、今以歩行相成兼、殊路用貯茂無之難義致候ニ付、何卒籠輿付送

り宿送りを以帰国仕度旨、別紙之通病者願ニ付、支配役所江伺之上得差図、
御公儀様御触之趣を以、送遣候間、医師御加宿〻村〻順能御継送被成候様
致度候。以上。

相馬長門守（益胤）領分
奥州行方郡
中太田村役人
太（大）和田甚左衛門*10

天保二夘年
八月十五日

因州鳥取
御城下材木町迄
宿〻
御役人衆中
村〻

右之書面を添、送遣候処、左之通申来候。

以手紙致啓上候、然者、松平相模守（斉訓）様御城下因州鳥取材木町辰之助親平蔵と
申ものゝ由ニ而、「行駄乗一人相馬長門守様御領分中太田村」大和田甚左衛門

（76オ）

殿送書付一通、都合三通御添、御継送被差越候ニ付致一覧候処、右平蔵義、鳥取之御城下辰之助親之由、同人申立候得共、同人申口上而已ニ而証拠書付茂無之、殊中太田村江行掛病気ニ付、医師相掛候得共、全快之義難斗迚、同人住所江掛合茂無之、病人任申分行駄仕立継送被差越候筋ニ有之間敷、病人村継之儀者、兼而御触書も有之事ニ付、右体之書付ニ而者、難請取義奉存候。依之、病人之儀者、其儘送戻し申候。左様ニ御承知可被成候。右之段、可得為御意如此御座候。以上。

上手綱〔岡、以下同ジ〕村(かみておか)(467)
名主
吉右衛門

八月十七日
小良ケ浜(おらがはま)(468)
名主
徳次郎様
組頭衆中

(76ウ)

右之書面を添送戻候ニ付、病人ハ預置、書面ハ」江戸表江遣、其御役向被御 七十二

(467)上手岡村　現在の双葉郡富岡町上手岡。当時は楢葉郡（ならはぐん）。

(468)小良ケ浜　現在の双葉郡富岡町小良ケ浜。

(469)曾我豊後守　名は助弼。京都町奉行から勘定奉行となる。八百石。
(470)佐藤勘兵衛　二百石。大身。

(471)貴意　その考え。御意見。

(472)青駄　篗輿(あんだ)のこと。註(458)参照。

聞繕候処、左之通申来候。御勘定奉行曾我豊後守様[469]公用人江、郡代佐藤勘兵衛[470]罷越、内分ニ而致問合候処、折節取込ニ付、追而左之通挨拶、尤往来手形有無ニ不拘、病人願候ハヽ、送遣候而宜趣ニ候。尤遠国之ものニ候時者、其在所役人江御触之通、掛合申遣候跡ニ而病人願有之時者、其在所役人ゟ答無之共、病人願書取之送遣宜趣ニ候。

公用人大嶋源太夫ゟ佐藤勘兵衛江挨拶之書面

御手紙致拝見候、然者昨日御談し被仰聞候宿村送り病人之義ニ付、書付類一覧仕候処、右之趣ニ而御取斗振、何茂振候儀者無之哉ニ奉存候。送戻候方不取斗と相見申候。右ニ付、表向書面を以、右之始末御聞合御座候様奉存候。則別紙五通返却仕候。右其後可得貴意[471]如此御座候。以上。

九月十七日

」(77オ)

右之処、表向御問合迄ニ者、及間敷御相談ニ而、上手綱村江掛合候処、左之通申来候。

御紙面致拝見候、然者、其御村ゟ被成御送出候。青駄[472](篗輿)当村ゟ送戻候ニ付、右青駄送戻候始末、支配役所江伺候哉、又私之了簡ニ而送戻候哉、致返答候様

被仰聞候趣、委細致承知候。右青駄送戻候訳ハ、其筋支配役所ゟ役人出役先ニ而、私宅江止宿之砌故、青駄送書付、右役人江内ゝ問合之上送戻候間、先ハ御返事如斯御座候。恐惶謹言(きょうこうきんげん)(473)。

御代官寺西蔵太支配所
楢葉(ならは)郡上手綱村
名主
吉右衛門

月日不見。

相馬長門守様御領分
行方郡中太田村
御役人
大和田甚左衛門様

右之通、申来候処、行違之筋ニ付、内済(ないさい)(474)之申訳、星庄左衛門方江申来、先方ニ而送戻、又送之賃銭、村ゝ宿ゝ江申訳之上相出候筈ニ而、内済」相成送帰し七十三遣済。

(77ウ)

一、他所ゟ継来候病人を不請取、継返候村方御吟味ニ相成候得者、いつ茂咎被仰

(473)恐惶謹言　書状などの末尾に記して敬意を表す。恐れかしこみ、謹んで申し上げますの意。

(474)内済　当事者間で話し合い、内々で解決すること。

付候ニ付、其筋を承候処、是ハ往来手形有之、御代官并私領地頭役人ゟ差図を請継送候病人を不継送ハ、心得違ニ付、其所江御咎付、又ハ往来手形無之病人、他所ゟ被継送候ハヽ、其村不仕合ニ付、何れニも請取致手宛置、支配役所江訴、差図を受可申処、無其儀継返候段不埒ニ付、是以其所江御咎付候段、左之御方被仰聞候。

天明四辰年六月

久（久世）　丹後守様*11
赤（赤井）　豊前守様*12
松（松本）　伊豆守様*13
桑（桑原）　伊予守様*14

（78オ）

一、前書之通、従　公儀御触、其後追〻御差図も有之候得共、添送書面無之候得者、不継送送返候向も、先年相見候処、明和度御触ニも村〻添送之儀不」相見、次之村ニ而病人之様子次第、服薬為致同様取斗、在所江可送遣と申御案詞ニ而添送無之ニ者、不継送送戻候様ニとハ無之、殊ニ当時ハ村切ニ添送相出候事ニ茂無之と有、以来ハ添送無之共全可送遣病人ニ候ハヽ、継送遣し、若シ先宿之首尾不束（ふつつか）之儀有之候ハヽ、其段申遣候歟(475)、又病人を預リ置掛合候

(475)歟　疑問を示す語で、何々とするか、又は何々かの意。

歟、時宜ニ寄可申候得共、何れニも大病人永く預り置、又ハ送戻候儀者不容易事ニ候間、多分ハ継送候事と相心得可申候。尤村送りと申来候共、一旦往還海道江送出候後者、在所江順能何分宿継ニ而送遣し可申。村継ニ致候而者、所ニより甚不順ニ而隙取(ひまとり)(476)、左候内病気不出来致候而者、不仁(ふじん)(477)之至候間。右之通、多分ハ宿送リニ仕、夫丈ケ之(それだけの)人足憚分ハ郷内ゟ補ひ、且永ミ逗留(とうりゅう)為致療養を加へ候歟、又ハ病死等ニ而不得止事、物入相掛欠〔闕〕所ゟ被下ニ而、不足相立候ハヽ、陣屋吟味之上、郷銭(ごうせん)(478)より補ひ可然、郷ミ陣屋〳〵吟味之上、区ミニ

七十四

（78ウ）

不成様」打合取極(とりきめ)可申候。

右取極候趣、宇田郷陣屋ゟ会所江書上置可申候。

右之通、被仰付候。

嘉永七寅年五月

『○』籠死之もの有之時覚
」

（79オ）

一、籠死之もの有之時、重科ハ親類江達、死骸化厳平江為捨。尤籠同身壱人付添遣シ、為見届御合力(ごうりき)(479)三百文闕所ゟ為相渡、検使ハ御徒士目付也。

(476)隙取　暇取とも。奉公人や雇用人が勤めをやめること。

(477)不仁　仁の道にそむくこと。

(478)郷銭　数村を合わせたものを郷と呼び、飢饉や凶作に備えた郷蔵と共に公金の付与、村々の講銭などが貯蔵された。

(479)御合力　金品を施し与えて助けること。手当金。

一、無宿者籠死籠死（衍）いたし候時者、当廉ゟ歩夫四人指紙籠奉行江相達、同所江為捨。小科ハ死骸馬場野村（ばばのむら）(480)非人頭旧屋敷向辺江取仕廻候様籠奉行ゟ籠与力江申付、附添遣為見届。

但、有宿・無宿共、化厳平取捨ハ大科之もの斗也。小科之ものハ、馬場野江為取置。為取置候首尾、本文之通也。

一、牢捨（舎）致居候者、病気ニ付為養生在郷江下ケ置候もの、病死致候時者、兼之通手代・村目付・検使申付候而、其上取仕廻候様申付候叓。」七十五

（白紙）」

（80オ）（79ウ）

『〇』牢屋之定

定

一、籠舎之者ニ、誰なり共為逢申間敷候。尤如何様之儀頼候共、取次籠舎之ものニ為申聞間敷候。籠舎之もの願等之儀ハ、取次籠奉行江為申聞差図を受可申事。

一、衣類其外、兼而入候品ニ而茂、籠奉行差図を受入可申候。自分ニ而籠之内江入候事、堅無用可致事。

(480)馬場野村　現在の相馬市馬場野。

一、酒肴・喰物等、籠舎之もの頼候共、脇〻之もの入度と頼候共、牢之内江入申間敷事。

一、夜中時半、只今迄之通科人之名を呼掛、答を聞届、無怠(おこたりなく)拍子木(ひょうしぎ)[481]を打廻り可申事。

　但、風雨之節者、不時ニ茂相廻り可申候。

一、番人籠之内江相詰候儀、昼ハ壱人宛、夜者弐人、夕七ッ半時ゟ朝六ッ半時迄詰居、不寝番可仕候。壱人ハ寝居候而、時〻記し相代」可申候。七十六

(80ウ)

　但、番所暫時茂明ケ不申、昼ハ壱人番ニ付、両便等之節者、拍子木を相図ニいたし、非番之与力膝代り(ひざがわ)[482]可仕候。

一、籠舎之もの咄合(はなしあい)[483]候儀無之様可申付候。若潜(ひそか)ニ申合候様子相聞候ハヽ、其者共江相断置、其趣早速籠奉行江可申出事。

　宝暦六子年十月

　追加

一、牢舎之者ゟ預置候品、主質物ニ差置度願候共、引受申間敷候。無拠訳合有之候ハヽ、籠奉行江申出可得差図事。

(481)拍子木　方柱形の二本の堅い木を打ち合わせて鳴らすもので、合図や夜回りの警戒などに用いた。

(482)膝代り　ここでは牢番の者が両便(大便と小便)の際に拍子木を打って非番の者に一時見張番をたのむこと。

(483)咄合　互いに話し合う。相談する。

一、牢舎之者を誰預といたし置、色〻取扱候様之義、前〻有之哉ニ相聞候処、堅可為無用。何事茂其節之当番切取扱可申候。非番之もの当番江断なく取扱候義、堅無用。籠舎之もの宿元ゟ音信(いんしん)(484)取扱等、決而」(81オ)受申間敷候事。

一、賄夫丸(まかないぶまる)(485)二度、賄朝夕之水廻シ之外、籠屋出入、決而為致間敷候。不時ニ入候者相改可申出候叓。

一、御用筋ハ何事ニよらす、五人頭取次可申出候。賄夫丸ゟ之御用筋も同前。

一、入籠之者有之節者、籠奉行立合、帯・下帯・きせる(486)・たはこ入、其外所持之品取上、与力預リ、与力一同衣服之内念を入、相改入可申候。余斗之品、決而入申間敷候。

一、入籠之節、重罪之もの共、一所ニ入申間敷叓。

但、咎之軽重不相分ものハ、一旦軽科之ものと一所ニ入置、翌日御勘定奉行江承リ入替可申候。

一、入籠之者有之時、塵紙并蓙(ござ)(487)入候処、糸竪之蓙者入申間敷事。

一、毎月籠舎之者、御届申上候節、相籠之者各面取調、御勘定奉行江指出可申事。」(81ウ)七十七

一、籠舎之もの、喧吪口論(けんかこうろん)者勿論、小唄高声堅無用、もし左様之義有之節者、厳

(484)音信　便りをすること。また、音信物(いんしんもの)の略で、贈り物のこと。

(485)賄夫丸　食事などを作る人夫。罪人への食事は一般に非人が従事した。

(486)きせる　キセル(煙管)のこと。刻みタバコをつめて火をつけ、吸口からその煙を吸う道具。

(487)蓙　藺草(いぐさ)の茎で織った敷物。

重察度可致事。

一、指子(さしこ)(488)之錠二重〆、鍵ハ籠奉行預リ、科人出入之節立合、当番之与力開闔(かいこう)(489)可仕吏。

但、籠奉行居合不申時者、五人頭立合之吏。

一、差子之外、雨屋之口〆リ、夕七ツ半時ゟ朝六ツ半時まて、内より錠をおろし置、鍵者当番之与力懐中可仕事。

但、昼ハおろし掛之事。

一、表門暮六ツ時ゟ明ケ六ツ時迄、錠をおろし、鍵者籠奉行預、時〻出入度毎門番兼之与力より申出、鍵を渡開闔為致候吏。(朱)『前書ニ錠と有、かきなるへし。』

一、籠舎之者水難之時者、咎人江逸〻縄を掛、与力当番所江引上置候事。

但、大水ニ而同所ニ居兼候時者、三繰り(みくり)之大縄(おおなわ)(490)ニ而咎人一同相連、南町(みなみちょう)(491)会津屋鉄蔵宅江召連差置、与力不残番ニ付置可申候。」

(82オ)

一、火事之節ハ前書之通咎人江縄を掛、其上三繰り之大縄ニ而一同相連、柱或ハ場所ニ寄、大木等江縄を結付置、与力不残番を付置申候事。

一、咎人病気見届、又ハ医師江為見候時者、籠奉行并与力当番立合為見居候吏。

(488)指子　差子。籠屋の出入口扉に渡した鍵棒。
(489)開闔　開くことと閉じること。
(490)三繰リ之大縄　三稜(みくり)草の茎を干して編んだ太縄。
(491)南町　現在の相馬市中村、宇多川町。当時の中村城下で准士、あるいは給人である鈴木・立野・馬場などの有力商人の店、および屋敷が連なっていた。

一、窂死之者有之時者、早速医師江申遣シ為見候上、死去之趣郡代衆へ御届可申
上候𠀋。右之条々、急度可相守。若シ令違犯者可為曲事(くせごと)(492)もの也。

天保十一子年十一月

『〇』玉野江御立被成候札之扣

一、御伝馬并駄賃荷物、一駄ニ付四捨(拾カ)貫目たるへき事。
一、玉野(たまの)(493)ゟ石田(いしだ)(494)江駄賃壱駄ニ付七拾文。荷なし乗ハ五拾文。笹町(ささまち)(495)江拾六文。荷無
ニハ拾壱文。但、荷物五貫目迄者、乗荷・乗駄賃同前たる」へし。夫ゟ重き七十八
荷物ハ本駄賃銭可取也。付。夜通しハ荷なしに乗たりといふとも、本駄賃戋(銭)
可取之𠀋。

(82ウ)

一、乗物壱挺ニ次人足六人、山乗物ハ四人ニ御定之人足賃を取可相送𠀋。
一、長櫃壱棹(ながびつひとさお)(496)三拾弐貫目を限るへし。夫ゟ重キ荷物ハ持はこふへからす。人足壱
人ニ五貫目之荷積を以、運ひ賃ハ馬之半分たるへき事。
一、次馬・次人足、昼夜共風雨之時者、荷物直ニ無之様ニ可出之。勿論御定之外
増銭不可取事。

(492)曲事　罪科として処罰するとの意。

(493)玉野　玉野村。相馬藩領の宇多郷に属していたが、元禄十年(一六九七)に山中郷が設置され、これに編入された。

(494)石田　石田村。現在の伊達郡霊山町(りょうぜんまち)、石田。当時の中村街道が通る。

(495)笹町　笹町村。現在の相馬市東玉野。元禄十年に玉野村と共に山中郷に属す。中村街道の一ルートは、宇多川の支流玉野川を遡上して同村を通り石田村に至る道程。

(496)長櫃壱棹　長持と同じ。衣類や調度品を入れる蓋付きの長い箱で、棒をさして二人でかついだ。壱棹は一つの意。

右之条〻可守之。若違背之族於有之者、後日雖相聞可為曲𠀋もの也。

寛文十一年八月　日

右者御領分中之駄賃札よりハ別〻、福島御料並ニ御立、子細ハ玉野入相之所にて双方札向立候事ニ候得者、各別駄賃取候様ニ而者、当領之もの迚多取候𠀋可有之との御相」談ニ而、御料同前之札被成御立候也。

(83オ)

『○』御洞駄賃(497)

一、中村ゟ鹿嶋(かしま)(498)江、　弐里三拾壱丁。

本荷百拾三文。

軽尻七拾五文。

人足五拾七文。

原釜(はらがま)(499)江五拾文。

金谷原(かなやばら)(500)江七拾壱文。

松川(まつかわ)(501)江七拾三文。

磯部(いそべ)(502)江七拾壱文。

(497)御洞駄賃　洞とは領国を支配してゆく過程で、領民は全て一家族であるとの意識から組織した共同体という意で、ここでは相馬藩領内の運賃のこと。

(498)鹿嶋　鹿島村。現在の相馬郡鹿島町、鹿島。

(499)原釜　原釜村。現在の相馬市原釜。

(500)金谷原　山上(やまかみ)村金谷原。御城下の中村宿から当村経由で卒塔婆(そとば)峠を越え、伊達郡石田(現、霊山町)に出て中通りに通じる道がある。

(501)松川　松川浦。宇多(うだ)川・小泉川・梅川・日下石(にっけし)川の河口に形成された潟湖で、その絶景は「奥相志」に、「東奥の名勝なり」と記され、相馬藩主の遊休地であった。

(502)磯部　磯部村。礒部とも。現在の相馬市磯部。

日下石(にっけし)江[503] 三拾六文。

七拾弐文

栃窪(とちくぼ)[504] 百八文。

下百八文。

六拾六文。

一、鹿嶋ゟ原町(はらまち)[505]江、　壱里弐拾四丁。

本荷六拾六文。

軽尻四拾四文。

人足三拾壱文。

蛯(えび)[506]江 四拾弐文。

烏(からす)[507]江 四拾六文。

栃窪九拾五文。下八十五文。

五十二文

大原(おおはら)[508]七拾九文。

一、原町ゟ小高江、　弐里拾七丁。

本馬九拾八文。

軽尻六拾五文。

人足四拾九文。

（83ウ）

」七十九

(503)日下石　日下石村。当村は南北に浜街道が通る。現在の相馬市日下石。

(504)栃窪　栃窪村。現在の相馬郡鹿島町、栃窪。

(505)原町　原ノ町。中郷(なかのごう)の中心地で、浜街道(別称相馬街道)の宿駅が設けられ、藩主が領内の巡行や参勤時に利用の御殿(後の本陣)も置かれた。

(506)蛯　海老村。現在の相馬郡鹿島町北海老・南海老。

(507)烏　烏崎(からすざき)村のことか。当村には藩倉が置かれた。現在の相馬郡鹿島町烏崎。

(508)大原　大原村。現在の原町市大原。

大原江六拾四文。
廿七文 馬場(ばば)(509)江四拾文。
萓浜(かいばま)(510)へ四拾六文。
一、小高ゟ高野町(こうやまち)(511)江、
本馬百文。
軽尻六拾七文。
人足五拾文。
室原(むろばら)(512)江六拾五文。
川房(かわぶさ)(513)江四拾文。　金谷同断。
塚原(つかばら)(514)江三拾四文。
村上(むらかみ)(515)江三拾六文。」
(84オ)
一、高野ゟ長塚(ながつか)(516)江、　壱里八丁。
本馬四拾八文。
軽尻三拾弐文。
人足廿四文。

(509)馬場　馬場村。現在の原町市馬場。
(510)萓浜　萓浜村。現在の原町市萓浜。
(511)高野町　双葉郡浪江(なみえ)町。権現堂(ごんげんどう)村の内にある浜街道の宿場町で、当地は火災が度々あったことから、寛政期(一七八九～一八〇一)に水と縁のあるようにと改称したことが「奥相志」に伝えられている。
(512)室原　室原村。当村は浜街道から分岐の浪江街道が通る。津島村から二本松領へ至り、また葛尾(かつらお)村を経て三春(みはる)藩領へも抜ける交通の要衝であった。現在の双葉郡浪江町、室原。
(513)川房　川房村。現在の双葉郡浪江町、川房。
(514)塚原　塚原村。相馬藩領の主要港である塚原湊があり、「郷中の年貢を大舟に積み当海より東都に輸送せり」(「奥相志」)とみえる。現在の相馬郡小高町、塚原。
(515)村上　村上村。現在の相馬郡小高町、村上。
(516)長塚　長塚村。当村は浜街道の宿場で、享保年間(一七一六～一七三六)に南標葉郷二十九村を管轄する長塚陣屋が設置された。現在の双葉

室原五拾三文。
請戸(うけど)(517)三拾七文。
一、長塚ゟ熊川(くまかわ)(518)江、　弐里七丁。
本馬八拾六文。
軽尻五拾七文。
人足四拾三文。
富岡(とみおか)(519)江五拾五文。
野上(のがみ)(520)江七拾文。
小良浜(おらはま)(521)廿九文。
一、黒木町(くろき)(522)ゟ、
中村江三拾文。
駒ケ峯(こまがみね)(523)へ四拾九文。
さいかち沢(524)百壱文。
└八十
(84ウ)
一、新山(しんざん)(525)ゟ、
野上六拾四文。

郡双葉町、長塚。

(517)請戸　請戸村。当村は請戸湊がある。相馬焼などの移出が行なわれ、藩の倉庫が三棟あった。現在の浪江町、請戸。

(518)熊川　熊川村。浜街道の宿場が置かれた。現在の双葉郡大熊町、熊川。

(519)富岡　富岡宿。浜街道の宿駅が小浜(こばま)村の内に置かれ、南北の交通の人馬継立、東西の物資交易が盛んに行なわれた。現在の双葉郡富岡町、小浜。

(520)野上　野上村。現在の双葉郡大熊町、野上。

(521)小良浜　小良浜村。当村は、現在の双葉郡大熊町、小良浜で、小良ケ浜という地名(双葉郡富岡町)と混同しやすい。伝えによれば、当地は南の岩城氏と北の相馬氏が所領をめぐる争論となり、両者が主張したことに由来するという。

(522)黒木町　黒木村。当村の中心字町は黒木町(黒木宿)といわれた。現在の相馬市黒木。

(523)駒ケ峯　駒ケ嶺村。当村の中央部を南北に浜街道が通り、駒ケ嶺宿が形成されていた。また仙台藩との藩境をなし、御番所が置か

一、須萱(すがや)(526)ゟ、
　笹町(ささまち)(527)百八拾壱文。内三拾七文、山坂増。
　中村四拾六文。
一、金谷原ゟ、
　笹町江百五拾四文。内三拾七文、山坂増。
一、笹町ゟ、
　草野(くさの)(528)江百九文。内八文、山坂増。玉野弐拾文。
一、玉野(たまの)(529)ゟ石田へ九拾七文。
一、下栃窪ゟ八木沢(やぎさわ)(530)江百三拾三文。内廿七文、坂増。
一、上栃久保ゟ同所江百弐拾四文。内三拾七文、右同。
一、八木沢ゟ、
　草野江六拾四文。
　関沢(せきさわ)(531)江六拾四文。
　大原江百八文。内弐拾文、増。
一、関沢ゟ飯樋(いいとい)(532)江四拾文。

れる。現在の新地町駒ケ嶺。
(524)さいかち沢　不明。西勝村か。
(525)新山　新山村。浜街道の宿場を、長塚宿と合宿で月の下半分を勤めた。現在の双葉町新山。
(526)須萱　須萱村。現在の飯舘村須萱。
(527)笹町　笹町村。現在の相馬市東玉野(ひがしたまの)。
(528)草野　草野村。現在の飯舘村草野。
(529)玉野　玉野村。現在の相馬市玉野。
(530)八木沢　八木沢村。奥州西街道の宿場で、相馬藩領山中郷の検断屋敷と高札場が設置されていた。現在の飯舘村八木沢。
(531)関沢　関沢村。現在の飯舘村関沢。
(532)飯樋　飯樋村。当村には山中郷陣屋(飯樋陣屋)が設けられ、百石以下の城下士(府下給人)から代官一名、郷目付一名、吟味役二名が任命された。手代(五名)・村目付(三名)・江関奉行(四名)・境目付(十六名)・肝入(十一名)・土手奉行(二名)・検断(十二名)などは在郷給人からその任にあ

（85オ）

一、草野ゟ、

四拾壱文
二枚橋（にまいばし）(533)江六拾壱文。

飯樋江四拾文。

六拾八文
大倉（おおくら）(534)江百三拾文。内弐拾四文、山坂増。

一、飯樋ゟ、

山小屋（やまこや）(535)八拾四文。

津島（つしま）(536)百三拾八文。

一、臼石（うすいし）(537)ゟ、

萩平（はぎたいら）(538)江六拾四文。

草野へ五拾四文。

一、二枚橋ゟ萩平江六拾壱文。

一、馬場ゟ稗田（ひえだ）(539)江百五拾四文。内三拾四文、山坂分増。

一、津島ゟ、

田沢（たざわ）(540)江七拾九文。

野川（のがわ）(541)江七拾四文。

たった。現在の飯舘村飯樋。

(533)二枚橋　二枚橋村。現在の飯舘村二枚橋。

(534)大倉　大倉村。現在の飯舘村大倉。

(535)山小屋　旧地名。山木屋（やまきや）村のこと。奥州西街道が東西に横断する宿場町。現在の伊達郡川俣（かわまた）町、山木屋。

(536)津島　津島村。相馬領から二本松領に入る交通の要衝地。現在の浪江町津島。

(537)臼石　臼石村。現在の飯舘村臼石。

(538)萩平　飯坂村萩平。相馬藩中村城下に通じるこの宿駅には口留（くちどめ）番所（領内の物資が藩外へ移出するのを禁止した）が置かれた。現在の川俣町飯坂、萩平。

(539)稗田　津島村稗田。浪江町下津島。

(540)田沢　田沢村。現在の岩代（いわしろ）町田沢。

(541)野川　野川村。現在の葛尾村野川。

稗田へ四拾八文。

小高江弐百六拾五文。内四拾八文、山坂分増。

川房弐百廿九文。

一、川房ゟ稗田へ百七拾八文。内四拾八文、山坂増。　」八十一

(85ウ)
一、室原ゟ、

野川弐百廿六文。内四拾八文、右同。

野上百拾三文。

一、野上ゟ、

長塚へ七拾八文。

古道(ふるみち)(542)百八拾弐文。内弐拾六文、右同。

一、原町ゟ八景(はっけい)(543)へ本荷九拾壱文。軽尻六拾壱文。

一、同慶寺(どうけいじ)(544)北ゟ御殿西(545)迄小高同前。

一、八景ゟ高野町迄百文、八景ゟ幾世橋(きよはし)(546)迄百四文。小高ゟ幾世橋迄九拾八文、八景ゟ小高へ六文。

一、中村ゟ熊川迄道法拾弐里三拾四丁。

(542)古道　古道村。現在の田村郡都路(みやこじ)村、古道。

(543)八景　小高村八景。同村には宿駅があり、また相馬氏の中世居城であった小高城がある。

(544)同慶寺　小高村上広畑。相馬藩領三郡の曹洞宗本山で、相馬氏の菩提寺。境内に、藩主一族の五輪塔・墓石が二十五基あり、霊屋には百三十七基の位牌や茶器が現存する。

(545)御殿西　不明。小高城西の意か。

(546)幾世橋　幾世橋村(泉田村・南幾世橋村とも)。現在の浪江町幾世橋。

本荷駄賃、　合五百拾壱文。
軽尻、　三百四拾文。
人足代、　弐百五拾六文。
一、中村ゟ岩井町(いわい)(547)へ弐拾七丁。
一、塚部(つかのべ)(548)御境目ゟ岩井町迄三拾四丁。
一、中村ゟ塚部御境目へ壱里廿五丁。
一、熊川ゟ岩城(いわき)御境(549)迄四丁三反。
(86オ)
一、南御境ゟ北御境(550)江、合而拾四里廿七丁三反。」

『〇』駄賃銭御定割合

一、本荷、　壱里、　四拾文。
　但、壱丁壱文壱分ニ当ル。
一、軽尻、　壱里、　弐拾六文。
　右者、本馬駄賃代を三ツニ割、弐ツ分之割合也。弐拾七文ニ而弐ツニ当
　候得共、右之通、壱里弐拾六文通用来候也。

(547)岩井町　黒木村。同村の町並(黒木宿)が延享四年(一七四七)に全焼し、東西に延びる町並から南北へ改めて岩井町(岩井宿)と称された。現在の相馬市黒木。
(548)塚部　塚部村(塚辺とも)。浜海道が仙台藩領の駒ケ嶺村と境をなす。現在の相馬市塚部。
(549)岩城御境　ここでは岩城藩領との境のことで、富岡宿までの道程。
(550)南御境ゟ北御境　浜街道を本道とする相馬藩領の南御境は熊川宿であり、北御境は黒木宿であった。

一、駕壱挺、壱里、　八拾文。
右者、本駄賃之一倍之割也。
一、人足、　壱里、　弐拾文。
右者、本駄賃之半分之割也。

『〇』中村ゟ近国城下江道法

一、白石江、中村・黒木・金山・角田・白石。
右拾壱里拾四丁。
一、仙台江、中村・黒木・駒ケ峯・新地・坂本・山下・亘(わたり)・岩沼・増田・中田・永野・仙台。
右拾五里壱丁、イニ拾六里弐拾八丁。
（86ウ）
一、福島江、中村・須萱・金谷原・笹町・玉野・石田・掛田・保原(ほばら)・瀬上・福嶋。
右拾三里拾四丁、イニ拾三里三丁ㇳ。
又、保原ゟ手前箱崎村ニ除ケ道有、此道近シ。石田・小国(おぐに)・大沼・渡(わたり)・福島ト行。

」八十二

一、二本松江、右福島迄同道也。福島ゟ八丁目・本宮（もとみや）・二本松と行。

右拾九里九町。又、川朖（俣カ、以下同ジ）通りハ左之通。

下栃窪・上栃窪・八木沢・草野・二枚橋・川朖・飯野渡有・二本松。此道本通ニハ無之。

但、近道也。

『（朱）一、福島通之内本宮と有之。本宮ハ二本松ゟ南也。中村ゟ二本松へ参候ニハ本宮江不掛、福島・八丁目・清水町・二本松と行。

一、川朖通飯野ゟ二本松引付ケニハ無之、飯野東北沼ノ上、二本松也。』

一、三春（みはる）江、中村・栃久保・八木沢・関沢・飯樋。」

（87オ）

一、中村　本荷百拾三文。　軽尻七拾五文。

二里半拾三丁六反。

一、鹿嶋　六拾六文。　四拾四文。

一里半六丁。

一、原町　九拾八文。　六拾五文。

二里拾七町弐反。

一、小高　九拾四文。　六拾三文。

二里拾弐丁九反。

一、高野町　四拾八文。　三拾弐文。

一里八丁六反。

一、長塚　八拾六文。　五拾七文。

二里七丁四反。

一、熊川　五拾五文。　三拾七文。

一里拾四丁四反。

一、富岡　百三文。　六拾八文。

二里半三丁六反。木戸へ二里十四丁。九拾六文。

一、上木戸　四拾文。　弐拾八文。

一里七丁。」八十三

(87ウ)

一、広野　百三文。　六拾八文。

二里半三丁六反。

一、久(ひさ)　四拾文。　弐拾七文。

一里。

一、四倉（よつくら）　百拾文。　七拾四文。

二里半九丁三反。

一、平（たいら）　六拾七文。　四拾四文。

一里半六丁。　船尾へ八十三文。　軽五拾五文。

一、湯本　六拾七文。　四拾四文。

一里半七丁。　船尾へ拾六文。　新田へ五拾壱文。

一、新田　六拾七文。　四拾四文。

一里半四丁。

一、植田　四拾文。　廿六文。

一里。

一、関田　七拾壱文。　四拾七文。

一里半拾壱丁三反。

一、廉（神）岡　七拾四文。　四拾九文。

一里半拾三丁六反。

（88オ）

山小屋・田沢・百目木・石沢・石森・三春。

右拾七里三拾四丁。又馬場通左之通。

馬場・塩浸（しおびて）・津嶋・勝籠（かつろう）・臼石（うすいし）・石沢・石森・三春共行。

一、平江、熊川ゟ富岡・木戸・広野・久・四倉・平。

右廿四里三丁。

一、桑折（こおり）江右福島道と同シ。保原ゟ桑折と続ク。桑折御陣屋ハ伊達郡也。六万石之御料也。右道法。

一、川股江、下栃久保・上栃久保・八木沢・草野・二枚橋・川股。右拾壱里弐丁。

一、会津江、三拾七里壱丁。

一、米沢江、弐拾六里壱丁。

一、㝡上江、弐拾四里拾弐丁。

一、中湊江、四拾八里三拾弐丁。

一、平潟（ひらがた）江、弐拾九里拾六丁。

一、仙台荒浜江、八里弐拾六丁。」八十二下（マヽ）

（88ウ）

一、駒ケ峯江、二里。

『○』御洞道法

一、中村ゟ笹町江四里半拾三丁。
一、笹町ゟ草野江弐里半四丁。
一、草野ゟ大原江三里半拾壱丁。
一、大原ゟ小高江四里三丁。
一、小高ゟ高野町江弐里拾三丁。
一、高野町ゟ熊川江三里拾五丁。
一、草野ゟ二枚橋江壱里半壱丁、中村江六里八丁。
一、大原ゟ原町江弐里拾七丁。
一、笹町ゟ灵〔霊〕山（りょうぜん）江壱里拾九丁。
一、熊川ゟ境川へ八丁八反。
一、蛯ゟ横手・栃久保・八木沢・草野・二枚橋へ九里。
一、原町南木戸ゟ太田ノ葉之嶽木戸迄廿四町。
一、横手海道廿八丁、田町尻ゟ小泉慶徳寺向橋迄四町八反。

『○』中村ゟ江戸江水戸通道法

（89オ）一、足洗　六拾八文。　四拾六文。

一里半九丁三反。

一、荒川　三拾四文。　弐拾三文。

半里拾弐丁弐反。

一、愛岩〔宕〕　七拾壱文。　四拾七文。

一里半三丁六反。

小木津　六拾壱文。

八丁六反。

田尻　拾文。

一里半拾壱丁弐反。

一、田尻　五拾文。　三拾四文。

一里八丁六反。此間ニ中村・宮田と云小宿有リ。

一、助川　四拾九文。　三拾壱文。

一里七丁弐反。此間ニ枕ト宿と云小宿有リ。

」八十四

一、孫　　四拾文。　　弐拾六文。

一里。

一、森山　　三拾三文。　　弐拾弐文。

三十丁弐反。

(89ウ)
一、大橋　　三拾八文。　　廿六文。

三拾四丁弐反。

一、石神　　五拾九文。　　四拾文。

一里拾七丁三反。

一、沢　　七拾九文。　　五拾壱文。

一里　（朱）『一里三十五丁壱反ニ当ル。イニ二里ト有リ。』

一、枝川　　四拾弐文。　　廿八文。

一里弐丁。

一、水戸　　八拾四文。　　五拾六文。

一里四丁三反　（朱）『イニ二里四丁三反と有リ。』

一、長岡　　七拾三文。　　四拾八文。

一里半拾三丁弐反。
一、小畑　四拾弐文。　廿八文。
一里弐丁九反。
一、片倉　四拾七文。　三拾壱文。
一里七丁弐反。
一、竹原　四拾八文。　三拾弐文。
一里八丁六反。
（90オ）
一、府中　七拾弐文。　四拾七文。
一里半九丁三反。
一、稲吉　三拾弐文。　弐拾弐文。
一里十三丁弐反。（朱）『イニ半里拾三丁弐反。』
一、中貫　四拾七文。　三拾壱文。
一里五丁七反。
一、土浦　四拾文。　弐拾六文。
一里。

一、中村　　四拾文。　　弐拾六文。

　一里。

一、荒川　　八拾文。　　五拾三文。

　一里。　（朱）『イニ二里。』

一、宇宿（牛久カ）　　四拾文。　　弐拾六文。

　一里。

一、赤柴　　四拾文。　　廿六文。

　一里。

一、藤城〔代〕　　七拾壱文。　　四拾八文。

　一里半十丁八反。

（90ウ）

一、取手　　五拾九文。　　四拾文。

　一里半七反。　下リハ四拾九文。

一、阿彦〔我孫子カ〕　　百弐文。　　六拾八文。

　二里半七丁九反。

一、小金　　六拾七文。　　四拾五文。

」八十五

一、松戸　一里半七丁九反。　六拾文。　四拾文。
一、笠井　一里半弐丁壱反。　五拾五文。　三拾七文。
一、千住　一里十四丁四反。　九拾壱文。　六拾文。
　　二里拾壱丁。
江戸
　　合七拾八里拾七丁余。
一、富岡より江戸迄〆弐貫五百三拾五文。
　外五百六拾文、　中村より熊川迄。
　中村より江戸迄〆三貫九拾五文。
　　外拾文、　取手船賃。
（貼紙）「〆八十二リ五丁四反五十間也。」
（91オ）
一、取手ニ而登リハ五拾九文、下リハ四拾九文也。依之下リハ拾文引候叓。」

『○』西海道道法

中　村、二リ半八丁 栃　窪、一リ七丁五十間 八木沢、一リ廿八丁 草　野、二枚橋、萩平。三春ト小浜江之道有。

三リ半八丁 川　股、二リ十四丁 飯　野、四リ 二本松、一リ八丁 杦〔杉〕田、一リ半 本　宮、

一リ十一丁 高　倉、一リ半六丁 福　原、一リ半 秀　山、二リ三丁 須賀川、一リ五丁 笠　石、

半リ 久米石、廿一丁 矢　吹、十丁 新　田、十一丁 熊　瀬、半リ 太田川、

半リ 小田川、廿七丁 根　田、一リ七丁 白　川、一リ三十三丁 白　坂、三リ四丁 芦　野、

三リ 越　堀、二リ半十六丁四反 鍋　掛、三リ十丁 太田原、是ゟ日光道有。十一里烏山道有。

一リ 佐久山、二リ半 喜連川、二リ五丁 氏　江〔家〕、アクツノ川、是より船ヘノル。山川ヘ九里。

一リ半三丁 白　沢、二リ十一丁 宇津宮〔都〕、是ゟ烏山ヘノ道アリ。二リ三丁 萑〔雀カ〕　宮、一リ半六丁 石　橋、

一リ半 小金井、廿九丁 新　田、一リ十一丁 小　山、一リ半六丁 儘〔まま〕田〔だ〕、一リ半拾丁 野　毛、

廿六丁 小〔古〕賀〔河〕、一リ半弐丁 栗　橋、二リ三丁 幸　手、一リ半七丁 杦　戸、一リ半弐丁 かすかへ〔春日部〕、

二リ半三丁 越　谷、一リ半八丁 僧〔草〕賀〔加〕、二リ八丁 千　住、二リ十一丁 江　戸。

（白紙）

（91ウ）

」八十六

（92オ）

『〇』中老御役之古例并御用御取次評定出席有無

一、中老(551)被仰付候方、前〻ハ御役と唱候様之処、近年職と申候方茂有之、本式如何可有之哉。中老之古例相糺候処、左之通。

元文五申五月十五日、村田半左衛門(552)中老役被仰付　徳胤（とくたね）(553)公御用人之処、御在所ゟ江戸江被為召被仰付、御家老之末席江列、御用御家老同前承り。但、不及加判列御書茂不被下候也。

増御役料五拾石、本知弐百石、都合三（二カ）百五拾石、中老役ハ先代泉縫殿助(554)以来中絶、半左衛門此度被仰付、右御旧記ニ見候由。系図引受斎藤庄八郎ゟ書出、生駒主令殿被仰聞候ハ、中老ハ評定役人ニ無之、御家老欠席ニ相成候節ハ次の出席致候先例之由也。会所指紙案詞ニ、御家老連印江中老ハ不認筈ニ先年吟味済居候旨有之。

右之通ニ而、前〻ゟ職と唱候義不相見、御役ニ可有之と御旧記引受脇本余斗も被申候。右者此度神戸仲殿中老被仰付候節糺。

」八十七

(551)中老　政事上の諸事相談役。臨時の職で、藩を統括する家老職と、藩公付の御側御用人との中間にあたる。大身より選任され、定員は一名。

(552)村田半左衛門　名は広隆。本知二百石。相馬徳胤付御用人の役料百石、中老職の役料五十石が加増され、都合三百五十石。

(553)徳胤公　相馬因幡守。藩主叙胤（のぶたね）の嫡子であったが藩主にはならずに子息の恕胤（もろたね）に継承させる。宝暦二年（一七五二）五月逝去。洞嶽院殿別宗覚天大居士。

(554)泉縫殿助　名は乗信。七百石。御一門。家老職。

（92ウ）

天保三辰六月

誓詞前書ニ茂中老御役と有之候得者、職と唱候ハ誤と相見候。

中老表御礼之節、御畳一畳下ニ而被申上候由也。主令殿被仰聞候。且御家老鑓為御持御登城之処、中老ハ鑓為御持不被成候由、御同人御咄。

但、中村ニ而之事也。

一、飯塚孫右衛門(555)御用御取次郡代次席ニ此度被仰付候処、評定出席有無如何と糺候処、先年寛政之頃、尾崎修平(556)御用人御用御取次儒者兼帯之節、公事帳見届候処、侍評定ニ者出席ニ相見、下々評定ニハ一円不相見、文化之頃、小幡四郎左衛門(557)御用御取次勤中、公事帳ニも不相見、侍并下々評定共ニ出席一円相見不申、本人茂出席致候無之由被申候。尾崎氏ハ儒者兼帯ニ付、侍評定江ハ出席有之哉ニ見候。」

（93オ）

『○』質屋定

一、公儀御法度之趣、堅相守可申叓。

一、質物之儀、兼而堅取扱可申叓。

(555)飯塚孫右衛門　百石。大身。

(556)尾崎修平　儒学者井上文平（金峨）の門人で称斎と号した。藩校（育英館）にて論語を講義する。

(557)小幡四郎左衛門　百石。大身。

一、紛失物御触之節、帳面相糺似寄之品有之候ハヽ、訴可申出叓。
一、銭貸利足一ヶ月百文ニ付弐文宛之叓。
一、金貸ハ利足壱ヶ月拾五両ニ付金壱分割可仕叓。
一、定月八ヶ月切。
外ニ二ヶ月用捨待仕、都合十ヶ月限。右十ヶ月相過候ハヽ、無断質物相流売
払不苦候。若利足相済候而、手形改直候ハヽ、翌月ゟ之預ニ可仕。併四度目
以後、品ニ寄元玉相成兼候ハヽ、相談之上直段(ねだん)引下ケ可申叓。
一、武具・馬具・農具取申間敷叓。
一、質物取引之義ハ、明六ツ時ゟ夕七ツ時迄之限之叓。」
(93ウ)
一、証人印形無之質物、決而取申間敷叓。
一、盗火之難ハ両損、鼠喰・虫つミ置主之損、雨漏質屋之損ニ可仕叓。
一、流物相払候而元利差引売過有之候ハヽ、置主江余代相戻可申叓。
但、売過之分看板ニ相記置、五月之内請取ニ参候ハヽ、相渡可申候。五ヶ
月を越候而ハ不及相返叓。
一、質物抜請之義者、其月迄之利足不残受取、残り之品ハ跡手形書替、翌月より

之預ニ可仕叓。
一、一ケ月ニ三日宛休日之叓。
一、質受之儀ハ朔日ゟ三日迄者、其月之利息用捨可仕叓。
一、質物帳面紙数相改、中村町并宿場者検断江差出、押切印形(おしきりいんぎょう)(558)并綴目判(つづりめはん)(559)取可申叓。
右之通、堅可相守、若於令違犯者可為曲事者也。」

(94オ)

文政十二
丑十一月廿七日　役所

『〇』宝暦之頃定
一、月六ケ月、外ニ二ケ月相約、都合八ケ月過候ハヽ、右之品無断相流シ申候。
一、火事・盗・鼠喰・雨もり両損之叓。
仍而如件。
是者当時不用由。
中村町役所ゟ御書出扣置。
安政三辰二月

(558)押切印形　押切印のことで、割り印。また、その印章。
(559)綴目判　書類をとじ合わせたところの押印。

『○』宇多郡仙台領江入居候村々

埒木村。（らちき）　谷地小屋村。（やちごや）

福田村。　杁目村。

真弓村。　小川村。

大戸浜村。　金原村。

駒ケ岑〔嶺〕村。

高五百五拾八貫弐百文。」（94ウ）

右、寛文四辰年聞書写。」（95オ）

小幡周助末期之養子一件

高百石　小幡周助
酉五十弐歳

右者病気及大切候処、末期之養子難願、年齢ニ而男子無之病死届申出候ニ付、旦方内蔵助殿(560)御用番、喜兵衛殿(561)御加判、兵庫殿(562)迄申上御聞留ニ相成候事。

(560)内蔵助　泉内蔵助。七百石。御一門。御用人職。
(561)喜兵衛　脇本喜兵衛。六百石。大身。家老職。
(562)兵庫　熊川兵庫（村田半左衛門易隆）。熊川家を継承、名を胤隆と改名。千二百四十二石。御一門。家老職。

文久元酉六月七日

組頭
伊藤　司(563)取扱

一、同断ニ付、小幡家相続方三廉内評(ないひょう)(564)被　仰付、左之通内評申上候。

一、周助病死届御聞留、当日ゟ五十日、四五日以前ニ至故、周助娘江配偶筋目相応之もの相撰、申出御請可被　仰付、則申出候処ニ而、五十一日目ニ至、登城被　仰付、故茂手木(565)との新規被召出、以来　御三代江奉仕諸廉多年格別実勤仕、随而御」寵遇重く、追々御取立被成置候御遺意被為継、且動(勲)功をも思召、出格之御沙汰を以周助娘江縁組、小畑(幡カ)家相続被　仰付、新知五拾石被成下可然内評申上候。

六月七日

(95ウ)

一、周助病死家断絶ニ付、同人家内本家小幡六右衛門家抱ニ仕度段願申出、且家屋鋪取片付中、当分之内拝借仕度願申出候ニ付、旦方、内蔵助殿御用番喜兵衛殿江申上候。

六月十八日

一、周助物成(ものなり)(566)掛御渡被下候様親類ゟ願申出候ニ付、郡代方江及相談候処、物成之儀ハ同人存生被下置、月割ヲ以御渡被成候儀ニ候得者、死去後ニ而も御渡被

(563)伊藤司　四百石。大身。

(564)内評　内評定とも。うちわで評議、相談すること。

(565)茂手木　小幡(畑)茂手木(庄兵衛)。六右衛門高寛と改名。二百五十石。大身。家老職。

(566)物成　采地から上がる、一年間の年貢米収入高。またはその割当て。

成候而宜〔宜〕筋挨拶ニ付、其段旦方御用番江申上、御渡被成候。

六月廿日

一、小畑周助、来ル廿七日ニ而五十日ニ相成候処、同人娘江配偶筋目相応之もの相撰、申出候様親類江可申達旨、御用番老衆ゟ被仰付候ニ付、則申達候処、」(96オ)神戸五兵衛弟亀山又五郎筋目茂有之、且又周助娘惣領ハ病身ニ而難相立、二女江縁組之儀ニ御座候得者、年齢も致相応、寄親類相談之上、又五郎父之忌中ニハ御座候得共、別紙継書を以伺申出候ニ付、御用番江申上候事。

七月廿六日

一、周助跡相続人無之居候処、筋目之者申出候様被仰付、神戸五兵衛弟亀山又五郎申上置候得共、父之忌中ニ付、御取扱延居例方、及穿鑿候処、例方無之、跡式ニハ文政五年年九月森誠助及大病、小河四郎右衛門弟別所族江跡式申上置候処、同年十月養母病死、養夫之忌明之節、養母之忌中ニ付、跡式御取扱之儀先例無之、三廉相談之上、親類名代ニ而御用番御宅ニ而御取扱ニ相成、其後文政十三寅七月、手戸甚右衛門及大病、同幸記江跡式申上、同年八月母病死、父之忌明ニ付、母之忌御免ニ而、登城之上跡式被　仰付、右両例有之処、

(96ウ)

近例手戸幸記之例ニ基キ、此度之儀者、跡式とハ違候事ニ候得共、忌御」免之上御取扱被成、可然相談之上申上候。

八月六日

一、神戸五兵衛弟亀山又五郎父之忌中之処、忌御免申達、明十日五ツ半時親類同道登　城可申付旨、御用番ゟ御達ニ付親類江申達候事。

八月九日

又五郎父神戸仲七月廿三日病死、明十日迄日数十八日。

一、亀山又五郎、并親類室原四郎左衛門登　城、左之通御用番ゟ被仰渡。

神戸五兵衛弟
亀山又五郎

故小幡茂手木事新規被　召出以来　御三代江奉仕、諸廉多年実勤仕、随而御寵遇重く、追々御取立被成置候。御遺意被為継、且勤功をも思召、出格之御沙汰ヲ以、其元小畑家筋目ニ付、故周助娘江縁組、同家相続被仰付候。依之、新知五拾石被成下候段　被仰出候。此段申達候。」

(97オ)

八月十日

一、又五郎、明日ゟ故周助定式之忌服受御請申達候之事。

継書

- 小畑茂手木（実ハ都甲伊右衛門子養子）
  - 六右衛門（実養祖父又兵衛子）
    - 六右衛門（実ハ茂兵衛子）―六右衛門―六右衛門―雄三郎
    - 治部右衛門（草野家養子）
  - 市十郎（兄之家督）
  - 喜三郎（神戸家ゟ養子）
    - 五兵衛―五兵衛―忠蔵（昌作守立）
    - 岡田孫右衛門（岡田孫六養子）
    - 山田喜三郎（山田鉄三郎養子）
    - 鹿伏兎昌作（忠蔵守立）
    - 峯小仲太
    - 亀山又五郎（小畑周仲相続）
  - 周仲（別家ニ立、）
    - 周助
    - 円次郎（上野庄兵衛養子）―上野重太郎

(97ウ)

「(貼紙)高七百八拾六石七斗　埒木崎村
高千三百六拾八石五斗七升　谷地小屋村
高千九拾七石六斗六升　福田村
高四百拾石弐斗三升　杉目村
高四百七拾石三斗六升　真弓村
高四百四拾石八斗五升　小川村
高弐百拾四石九斗壱升　大戸浜
高百八拾四石六斗六升　今泉村
高弐千四拾五石九斗四升　駒ケ峯村
高合七千拾九石八斗八升
右者、明治二巳年十月、従　天朝御下渡之高帳、当時之正高調也。」

」

補　注

＊1（58頁）　大林弥左衛門
幕府御徒士頭（二百俵）から盗賊並火附御改となる。与力十騎・同心五十人。三百俵に加増。

＊2（59頁）　松浦大膳
千五百石。幕府御目付衆・御先手鉄砲頭。文化七年（一八一〇）盗賊並火附御改。与力七騎・同心三十人。

＊3（76頁）　木幡甚五左衛門
二百二十五石。大身。

＊4（84頁）　村津儀兵衛
百五十石。大身。江戸常府藩邸住。

＊5（84頁）　田中勘左衛門
二百俵。幕府御徒士目付組頭。

＊6（107頁）　猪苗代貞之丞
百五十石。大身。

＊7（108頁）　堀伊賀守
名は利堅。二千八百石。幕府大目付。前職は作事奉行。後職は御留守居。

＊8（109頁）　松本覚兵衛
百五十石。大身。

＊9（109頁）　相馬主税
七百石。御一門。家老職。

＊10（131頁）　大和田甚左衛門
二十石。郷士。

＊11（135頁）　久世丹後守
名は広民。三千石。幕府勘定奉行。前職は浦賀奉行・長崎奉行。後職は小姓組番頭。

＊12（135頁）　赤井豊前守（越前守）
名は忠晶。千四百石。幕府勘定奉行。前職は京都町奉行。後職は西丸留守居。

＊13（135頁）　松本伊豆守
名は秀持。五百石。幕府勘定奉行。前職は勘定吟味役。

＊14（135頁）　桑原伊豫守（能登守）
名は盛員。五百石五人扶持。幕府勘定奉行。前職は長崎奉行・作事奉行。後職は大目付。

解説

ここに公刊する「相馬藩　刑法万覚」は、奥州相馬藩（中村藩ともいう）六万石における藩法布令の仕置事例と御定についての覚書である。したがって底本とされた原本がどこかに現存している可能性もある。

相馬藩に関する法令や諸法度については、『福島県史』第九巻（昭和四十年）および、『相馬市史』6（昭和五十一年）などに主に収録されているが、近年原町市が各旧家所蔵の古文書を収集解読し、『近世文書』（平成二年、第一集発刊）としてこれまで十五集刊行するに至っている。それゆえ、相馬藩特有の在郷給人と呼ばれる下級武士や下々に対して厳しい御定の様子が解明されつつある。また、こうした布令は、藩政初期において確立されたわけではなく、時代に伴って随時制定され、或いは修正されたことは順序不同の年号から窺うことができる。

ところで本書の注目すべき点は、前掲『相馬市史』などに収録の「給人以下諸法度」や『近世文書』第八集の「在郷組頭記録書」に関連を持つ罪人への仕置の経緯や、御城下侍（府下(ふもと)給人）との扱い方の相違、更には「笞打之定」・「牢屋之定」など刑を執行する際の規定が詳細に記載されており、相馬藩の刑法の実態を知る手がかりとして貴重な内容といえるだろう。しかし、この史料の筆者が誰であったか、何の目的で書写されたのかは不明である。ただ、巻末に小幡家の養子の一件に関する経緯と系譜が記載されているのをみると同家が聞書していた可能性も高い。また、巻末は貼紙で宇多郡の内の九ケ村（伊達領）について明治二年の石高帳で終了しているが、「評定出席役廉人数御定」の中頭披露之節の貼紙に「明治三午年六月廿三日評定之時極ル」とあり、この辺りで書き継ぎが終了したものと思われる。

そこで、巻末に記されている小幡家の系譜についてみてみると、「相馬義胤分限帳」（『続群書類従』第二十五輯上）に小幡亦(又)兵衛の名があり、「御両代(利胤・義胤)ノ内百石。忠胤公御世、五十石被成下、百五十石也」と記す。同様に寛永十八年（一六四一）禄高調にも百五十石とある。忠胤の治世は承応元年（一六五二）に始まるので両者の記述は符合しないが、忠胤代の明暦四年（一六五八）の禄制では、小幡六右ヱ(衛)門（養祖父又兵衛子と記す）弐百石と記されている。

では、小幡家の役職についてはどうであろう。本書の記述の中に「文化之頃、小幡四郎左衛門御用御取次勤中」とみえ、巻末の系譜には記載なき人物だが、藩主に上申書を取次、時には意見を附加して裁決を得るという要職に付いている。また、相続願いの記述にみえる小幡(畑)周助は分家のようで高百石とあり、藩の職制（「中村藩政録巻之三」）に「御勝手吟味役・御納戸・御小納戸・御近習目付兼帯」と記される藩主近侍の財政や奥向担当の職にあった。同じく周助の伯父、神戸喜三郎も「御廊下」という奥向の役を担っている。

こうしてみると、推測ではあるが小幡家に関係する者が何らかの理由で書写したのではなかろうか。刑罰についての記述の他に、「御洞(領内)駄賃」や「中村ゟ近国城下江道法」など、駄賃銭に関する記載は藩財政に関わりを持つ者であることを示唆しているようにみえる。なお、筆蹟から推察すると、奥書までは同一人物と思われるが、貼紙は他の筆蹟であり、また、小幡周助跡目の一件も別の者が書き加えたものといえよう。

しかしながら、作者が小幡家関係者という確証には至らず、これらはあくまで推測の域を出ない。

ところで、相馬氏の概要について次にふれておこう。

相馬氏の系譜はそのほとんどが「承平・天慶の乱」で朝敵とされた平将門を始祖としている。その真偽はさておき、江戸時代の諸大名の中で将門の後裔と称するのは相馬氏だけであり、わずかに旗本の相馬氏・三田氏が存在するのみである。

さて、将門後裔の由縁は、将門が「相馬小次郎」と呼称され、下総国相馬郡に在住していたという伝承と、相馬氏の本領が相馬郡であったことに符合するからと思われる。しかし一般には、「相馬」の呼称が相馬郡の在館名に起因するならば、同地の支配権が『吾妻鏡』やその他の史料に窺われる千葉介常胤の次子、師常（もろつね）が始まりとされている。つまり、師常の相馬郡支配の時期は定かでないが、「千葉次郎」・「相馬次郎」と称され、子息義（能）胤以降も相馬郡を領有していることは確かである。

一方、「相馬之系図」（歓喜寺蔵）や、相馬氏関係史書によれば、文治五年（一一八九）の源頼朝による奥州藤原氏討伐において、師常は父常胤と共に従軍し、その軍功によって陸奥国行方（なめかた）郡を拝領したと記載され、以後、師常は本領の相馬郡と拝領地の行方郡を所領とすることになったと伝えている。

その後、師常から四代の後裔、相馬左衛門尉胤村は子息たちへ所領の分与を行なった。その背景には、先妻と後妻の嫡子惣領権争いがあり、後妻（阿蓮）の策動があったかと推測するが、胤村は所領分与の途中で他界したと推定される。それは、胤村の遺領をめぐる相馬一族の争いが、数点の「相馬文書」にみえるからである。

ともあれ、これを契機に相馬氏は総州と奥州の二系統に分離することになる。すなわち、胤村の先妻の子息たちは主に本領相馬郡を分与され、特に長子の胤氏（たねうじ）には大半が与えられて下総本宗家を相伝する。他方、当腹の嫡子とされる第五子の師胤（もろたね）には奥州行方郡が比率的に多く配分され、奥州相馬氏の惣領的要素を持つことになるが、これについては当初から台頭しうる配分が与えられた訳ではなく、後家尼（胤村後室）や同腹の弟と思われる胤門の持つ配分所領を、師胤その嫡子の重胤（しげたね）へと譲与されたことによって所領が拡大し、一族の中で優位となった過程がある。しかし本領は相馬郡であり、行方郡の所領は被官による統治であったと推定される。

ところが、鎌倉末期の元亨年間（一三二一～一三二四）重胤は本領を離れ、一族と共に行方郡へ移住、事実上奥州相馬氏の発祥となる。その理由については、「相馬文書」にみられる北条氏の内管領であった長崎思元により重胤所領の行方郡高村（現、原町市）田在家三分一が押領されるという事件を契機として直接支配を余儀なくされたとする説が一応定型化している。

さて、重胤は移住の当初、行方郡太田村別所（現、原町市）に居館していたが、南北朝内乱期の建武三年（一三三六）に、小高堀内（現、小高町）に城郭を築き、北朝方として活躍している。ただ、相馬一族の中では下総相馬本宗家を筆頭として南朝方に属した者も多く、行方郡においてもこの時点では統制権が確立していないことを意味する。おそらく重胤の系統が奥州相馬惣領家として支配力を推進させたのは、北朝勝利に伴う所領安堵や恩賞による支配地の拡大、さらには奉行・検断職を補任されるなど、一族が庶子家と成らざるを得ない情況となったことが推測され、南朝方の下総相馬本宗家などは乱後に衰退を辿る要因となった訳である。

明徳三年（一三九二）、南北両朝の合体によって内乱は終熄する。しかし、行方郡南隣の標葉（しねは）氏とは乱後も数代にわたって対立を続け、宿敵の標葉氏を討滅したのは、室町中期の明応元年（一四九二）、重胤から七代の後裔、盛胤の時であった。「東奥標葉記」には、「標葉嫡流十一代、三百有余年而家滅」とその様子を記している。

大永元年（一五二一）、盛胤の死によって嫡子の顕胤が家督を継ぎ、同三年（一五二三）行方郡北隣の伊達稙宗の息女を娶って友好関係となる。ところが、天文十一年（一五四二）稙宗が嫡子晴宗によって西山城（現、桑折（こおり）町）に幽閉されるという伊達氏の内紛（「天文の乱」）が起こると、近隣諸将は稙宗方と晴宗方に分かれて対戦。顕胤は稙宗方として晴宗と抗戦する事態となる。翌十二年（一五四三）顕胤は行方郡北隣の宇多郡に進攻し、在地豪族の黒木弾正・中村大膳を相善原（現、新地町）で誅殺した。ここに宇多郡を手中に入れ、相馬氏は宇多・行方・標葉の三郡を掌握したのである。

戦国期に入ると、伊達氏の家督は晴宗から輝宗・政宗と続き、相馬氏は顕胤から盛胤・義胤へと受け継がれた。中でも政宗と義胤の代には休む暇もないほどの攻防をくりかえしている。戦国末期の天正十八年（一五九〇）五月、宇多郡塚部（つかのべ）（現、相馬市）周辺での戦いで相馬軍は中村城代の相馬隆胤（義胤弟）、黒木城代の門馬上総が討死する大敗を喫して存亡の危機に陥った。だが、この窮地を救ったのは豊臣秀吉による後北条氏討伐の参陣要請である。『相馬藩世紀』によれば、義胤は五月下旬に相州小田原へ着陣し、石田三成を通じて秀吉に謁見を賜わる。同年十二月、「奥州内本知分四万八千七百石事宛行訖、目録帳別紙在之、全可領知候也」（『相馬文書』）と記す秀吉朱印状が与えられて知行安堵となり、同時に伊達氏との抗争も終焉するが、先の大敗によって宇多郡内の九ケ村は伊達領とされたのである。その後、文禄二年（一五九三）に宇多・行方・標葉の三郡の総検地を行ない、六万四百二十八石余となって相馬領六万石が確立するに至った。

さて、中世相馬氏から近世相馬藩へと移行していく過程において、城郭も戦略上の重要性から政治・経済の拠点へと変遷した。

慶長二年（一五九七）、重胤の移住以後十一代義胤に至る中世相馬氏の居城であった小高城から、義胤は牛越城（うしごえ）（現、原町市）を築いて居城とした。しかし、慶長五年（一六〇〇）関ケ原の役に相馬氏は封境を固めて動かず、同七年（一六〇二）五月、徳川氏へ不参加の科により相馬領の改易を通告され、再び存続の危機が訪れた。当主義胤は蟄居し、嫡子の密胤（後の利胤）は江戸へ発向。本多正信に訴状を提出した。十月、弁明が受け入れられて本領安堵とされたが、牛越城は不吉として廃城、同八年（一六〇三）居城を小高城に戻している。

その後、慶長十六年（一六一一）利胤は相馬領北方の宇多郡中村に本格的な城郭を築き、領内に散在する諸氏を城下に集めて屋敷割りが行なわれ、中村城を拠点とした城下町の形成をはかる。以後、廃藩となる明治期まで相馬氏居城として十三代、二百六十余年藩政の中心を成すに至っている。

以上、相馬氏の概要を述べたが藩政については割愛する。

近世相馬藩は六万石の小藩なれど、鎌倉期以来の名族であり、一度も減封や移封がないまま同地に存続した稀有な存在である。他の諸大名をみれば、九州の相良・島津の二家と奥州の南部氏をみるに過ぎない。

ともあれ、本書の刊行が相馬藩の刑法に関する研究の一助となることを願う次第である。

相馬藩刑法万覚

平成十八年六月二十五日　印刷
平成十八年六月　三　十　日　発行

定価　本体　六、五〇〇円（税別）

校訂
校注　吉　田　幸　雄

製作兼
発売所　続群書類従完成会
東京都豊島区北大塚一丁目一四番六号
電話　〇三－三九一五－五六二一

発行者　吉　田　幸　雄

印刷所　株式会社　白　峰　社

ISBN4-7971-0747-2